150 Ejercicios para Aprender HTML5 y CSS3.

Desde Cero.

Introducción.

Introducción: Ejercicios para Aprender HTML y CSS

Bienvenido al libro de ejercicios "Aprendiendo 150 Ejercicios para Aprender HTML5 y CSS3". Este libro está diseñado para ayudarte a adquirir habilidades prácticas en el desarrollo web mediante una serie de ejercicios progresivos que abarcan desde los conceptos básicos hasta técnicas más avanzadas de HTML y CSS.

¿Para quién es este libro?

Este libro está dirigido a cualquier persona interesada en aprender a crear sitios web utilizando HTML y CSS, ya sea que seas un principiante completo o estés buscando mejorar tus habilidades existentes. No se requieren conocimientos previos de programación.

¿Cómo usar este libro?

Cada capítulo de este libro presenta una serie de ejercicios que te guiarán a través de conceptos clave de HTML y CSS. Los ejercicios están diseñados para ser prácticos y fáciles de seguir, permitiéndote aprender mientras construyes proyectos reales.

Lo que aprenderás:

- HTML Fundamentals: Comienza aprendiendo los fundamentos de HTML, incluyendo la estructura básica de una página web, etiquetas de texto, imágenes, enlaces y listas.
- CSS Styling: Aprende a aplicar estilos a tus páginas web utilizando CSS, incluyendo color, tipografía, diseño de cajas y diseño responsivo.
- Ejercicios Progresivos: Avanza a través de ejercicios que se vuelven gradualmente más desafiantes, permitiéndote aplicar lo que has aprendido y fortalecer tus habilidades.
- Proyectos Prácticos: Aplica tus conocimientos con proyectos prácticos como la creación de una página de inicio, un formulario de contacto, una galería de imágenes y más.

Preparación:

Antes de comenzar, asegúrate de tener un editor de texto y un navegador web instalados en tu computadora. Puedes utilizar cualquier editor de texto que prefieras, como Visual Studio Code, Sublime Text o Atom.

¡Comencemos!

Estamos emocionados de acompañarte en este viaje de aprendizaje. Esperamos que disfrutes trabajando a través de los ejercicios y que te sientas inspirado para crear tus propios sitios web impresionantes utilizando HTML y CSS. ¡Vamos a sumergirnos en el mundo del desarrollo web!

Índice

6

Introducción a HTML.

¿Qué es HTML?

HTML, que significa Lenguaje de Marcado de Hipertexto (HyperText Markup Language), es el lenguaje estándar utilizado para crear y diseñar páginas web. Es un lenguaje de marcado que define la estructura y el contenido de una página web mediante etiquetas y elementos que describen diferentes tipos de información, como texto, imágenes, enlaces y otros medios.

¿Para qué sirve HTML?

HTML se utiliza para crear páginas web y aplicaciones web. Sirve como el lenguaje fundamental que define la estructura y el contenido de una página web, permitiendo a los desarrolladores web organizar y presentar información de manera semántica y estructurada. HTML es la base sobre la cual se construyen y diseñan todas las páginas web en Internet.

¿Cómo se usa HTML?

Para crear una página web con HTML, se siguen estos pasos básicos:

1. Crear un documento HTML: Se crea un archivo con extensión `.html` utilizando un editor de texto simple o un editor de código como Visual Studio Code, Sublime Text o Atom.
2. Escribir código HTML: En el documento HTML, se escribe código utilizando etiquetas HTML para definir la estructura y el contenido de la página web. Las etiquetas HTML se utilizan para representar diferentes elementos, como encabezados, párrafos, imágenes, enlaces y otros elementos.
3. Guardar y abrir el archivo HTML: Una vez que se ha escrito el código HTML, se guarda el archivo con extensión `.html` y se abre en un navegador web para ver la página web.
4. Modificar y mejorar: Se puede seguir editando el código HTML para agregar estilos con CSS, funcionalidad con JavaScript, y otros elementos para mejorar la apariencia y funcionalidad de la página web.

Elementos básicos de HTML:

- Etiquetas: Las etiquetas son los elementos básicos de HTML y se utilizan para marcar el inicio y el final de los elementos en una página web. Por ejemplo, `<p>` marca el comienzo de un párrafo y `</p>` marca el final del párrafo.
- Atributos: Los atributos proporcionan información adicional sobre un elemento y se colocan dentro de la etiqueta de apertura. Por ejemplo, el atributo `src` se utiliza para especificar la ubicación de una imagen en un elemento `<img>`.
- Elementos de bloque vs. Elementos en línea: Los elementos de bloque ocupan todo el ancho disponible y comienzan en

una nueva línea, mientras que los elementos en línea ocupan solo el espacio que necesitan y no comienzan en una nueva línea.

- Estructura básica de un documento HTML: Todo documento HTML comienza con la etiqueta `<html>` que encapsula todo el contenido de la página. Dentro de `<html>`, se encuentran las etiquetas `<head>` y `<body>`, que contienen información sobre la página (como el título y los metadatos) y el contenido visible de la página, respectivamente.
- Comentarios: Los comentarios en HTML se insertan entre `<!--` y `-->` y no se muestran en la página web, pero son útiles para dejar notas en el código para referencia futura.

Introducción a CSS.

¿Qué es CSS?

CSS, que significa Hojas de Estilo en Cascada (Cascading Style Sheets), es un lenguaje de estilo utilizado para definir el aspecto y el diseño de una página web. CSS trabaja junto con HTML para controlar la presentación visual y el diseño de los elementos HTML en una página web.

¿Para qué sirve CSS?

CSS se utiliza para aplicar estilos y diseño a elementos HTML en una página web. Permite a los desarrolladores web controlar aspectos como el color, la fuente, el tamaño, el espaciado, la disposición y otros atributos visuales de los elementos HTML, lo que resulta en una presentación visual más atractiva y coherente.

¿Cómo se usa CSS?

Para utilizar CSS en una página web, se siguen estos pasos básicos:

1. Crear un archivo CSS: Se crea un archivo con extensión .css utilizando un editor de texto simple o un editor de código como Visual Studio Code, Sublime Text o Atom.
2. Vincular el archivo CSS con HTML: En el documento HTML, se agrega un enlace a la hoja de estilo CSS utilizando la etiqueta `<link>` en la sección `<head>`. Esto permite que el navegador cargue y aplique los estilos CSS al documento HTML.
3. Escribir código CSS: En el archivo CSS, se escribe código CSS para seleccionar elementos HTML y aplicar estilos específicos utilizando propiedades y valores CSS.
4. Guardar y abrir el archivo HTML: Una vez que se ha escrito el código CSS y se ha vinculado con el documento HTML, se guarda el archivo y se abre en un navegador web para ver los estilos aplicados a la página web.
5. Modificar y mejorar: Se puede seguir editando el código CSS para agregar estilos adicionales, modificar estilos existentes y mejorar el diseño y la apariencia visual de la página web.

Conceptos básicos de CSS:

- Selectores: Los selectores se utilizan para seleccionar elementos HTML a los que se aplicarán estilos. Pueden ser selectores de elementos, clases, identificadores, atributos y pseudo-elementos.
- Propiedades y valores: Las propiedades son los atributos visuales que se pueden cambiar, como color, tamaño de fuente, espaciado y bordes. Los valores son los ajustes específicos que se aplican a estas propiedades.
- Modelo de caja: El modelo de caja de CSS describe cómo se representan y se dimensionan los elementos HTML, incluyendo el contenido, el relleno, el borde y el margen.
- Diseño responsivo: CSS también se utiliza para crear diseños responsivos que se adaptan a diferentes tamaños de pantalla y dispositivos, utilizando técnicas como media queries y unidades flexibles.

Como puedo crear un programa en HTML y CSS y luego ejecutarlo?

Para crear un programa utilizando HTML y CSS, puedes seguir estos pasos:

1. Escribe el código HTML: Utiliza un editor de texto simple o un editor de código como Visual Studio Code, Sublime Text o Atom para escribir el código HTML. En este archivo HTML, definirás la estructura y el contenido de tu programa web.

2. Agrega el código CSS: Puedes escribir el código CSS en un archivo separado con extensión `.css`, o también puedes incluirlo directamente en la sección `<style>` del archivo HTML. El CSS se utiliza para dar estilo y diseño al contenido HTML.

3. Vincula el archivo CSS con HTML: Si has creado un archivo CSS separado, asegúrate de vincularlo con tu archivo HTML utilizando la etiqueta `<link>` en la sección `<head>` del documento HTML.

4. Guarda el archivo HTML: Una vez que hayas escrito el código HTML y CSS, guarda el archivo con una extensión `.html`.

5. Abre el archivo HTML en un navegador web: Para ver tu programa en acción, abre el archivo HTML en un navegador web como Google Chrome, Mozilla Firefox, Safari o Microsoft Edge. Puedes hacerlo simplemente haciendo doble clic en el archivo HTML y se abrirá en tu navegador predeterminado.

6. Visualiza y prueba tu programa: Una vez que el archivo HTML esté abierto en el navegador, podrás ver el resultado de tu programa. Puedes interactuar con él y probar su funcionalidad para asegurarte de que funcione como esperabas.

Recuerda que HTML y CSS son lenguajes de marcado y estilo respectivamente, por lo que no tienen capacidades de programación como lo haría un lenguaje de programación como JavaScript. Sin embargo, puedes crear interfaces de usuario interactivas y atractivas utilizando solo HTML y CSS.

Para ejecutar tu programa HTML y CSS, solo necesitas un navegador web. Puedes abrir el archivo HTML directamente en tu navegador para ver y probar tu programa. Si deseas compartir tu programa con otras personas, puedes alojarlo en un servidor web y proporcionarles el enlace para que puedan acceder a él desde cualquier navegador. Hay varios servicios de alojamiento web gratuitos disponibles donde puedes cargar tus archivos HTML y CSS para que otras personas los vean.

Ejercicios de HTML.

Ejercicio 1: Documento HTML básico.

Crea un documento HTML básico con la estructura mínima requerida:

Solución:

```
<!DOCTYPE html>
<html lang="es">
```

```
<head>
    <meta charset="UTF-8">
    <meta name="viewport"
content="width=device-width, initial-scale=1.0">
    <title>Título de la página</title>
</head>
<body>
    <h1>Hola, mundo!</h1>
    <p>Este es un documento HTML básico.</p>
</body>
</html>
```

En este ejemplo:

- La etiqueta `<!DOCTYPE html>` declara la versión de HTML que estamos utilizando (HTML5).
- La etiqueta `<html>` es el elemento raíz de nuestro documento HTML. El atributo `lang` especifica el idioma del documento.
- La sección `<head>` contiene metadatos sobre el documento, como el juego de caracteres, la etiqueta de viewport y el título de la página.
- La etiqueta `<meta charset="UTF-8">` especifica el juego de caracteres UTF-8 para admitir caracteres especiales y emojis.
- La etiqueta `<meta name="viewport" content="width=device-width, initial-scale=1.0">` asegura que la página se muestre correctamente en dispositivos móviles.
- La etiqueta `<title>` define el título de la página que se mostrará en la pestaña del navegador.

- La sección `<body>` contiene el contenido visible de la página, como encabezados, párrafos y otros elementos HTML.

Este es un ejemplo básico que cumple con la estructura mínima requerida para un documento HTML válido. Puedes agregar más contenido y elementos HTML según sea necesario para tu proyecto.

Ejercicio 2. Uso de etiquetas h1 a h6 y etiqueta p

Crea un ejercicio que utilice las etiquetas `<h1>` a `<h6>` para crear encabezados y la etiqueta `<p>` para crear párrafos en un documento HTML:

Solución:

```
<!DOCTYPE html>
<html lang="es">
<head>
    <meta charset="UTF-8">
    <meta name="viewport"
content="width=device-width, initial-scale=1.0">
    <title>Encabezados y Párrafos</title>
</head>
<body>
    <h1>Encabezado de Nivel 1</h1>
    <p>Este es un párrafo de texto para ilustrar el
uso de la etiqueta de encabezado de nivel 1
```

(`<code>&lt;h1&gt;</code>`) en HTML. Los encabezados
de nivel 1 son utilizados para títulos
principales.`</p>`

    `<h2>`Encabezado de Nivel 2`</h2>`
    `<p>`Este es un párrafo de texto para ilustrar el
uso de la etiqueta de encabezado de nivel 2
(`<code>&lt;h2&gt;</code>`) en HTML. Los encabezados
de nivel 2 son utilizados para subsecciones
importantes.`</p>`

    `<h3>`Encabezado de Nivel 3`</h3>`
    `<p>`Este es un párrafo de texto para ilustrar el
uso de la etiqueta de encabezado de nivel 3
(`<code>&lt;h3&gt;</code>`) en HTML. Los encabezados
de nivel 3 son utilizados para subsecciones menos
importantes.`</p>`

    `<h4>`Encabezado de Nivel 4`</h4>`
    `<p>`Este es un párrafo de texto para ilustrar el
uso de la etiqueta de encabezado de nivel 4
(`<code>&lt;h4&gt;</code>`) en HTML. Los encabezados
de nivel 4 son utilizados para subsecciones más
específicas.`</p>`

    `<h5>`Encabezado de Nivel 5`</h5>`
    `<p>`Este es un párrafo de texto para ilustrar el
uso de la etiqueta de encabezado de nivel 5
(`<code>&lt;h5&gt;</code>`) en HTML. Los encabezados
de nivel 5 son utilizados para subsecciones de
menor importancia.`</p>`

    `<h6>`Encabezado de Nivel 6`</h6>`

```
    <p>Este es un párrafo de texto para ilustrar el
uso de la etiqueta de encabezado de nivel 6
(<code>&lt;h6&gt;</code>) en HTML. Los encabezados
de nivel 6 son utilizados para subsecciones de
menor relevancia.</p>
</body>
</html>
```

En este ejemplo, se utilizan las etiquetas `<h1>` a `<h6>` para crear encabezados de diferentes niveles, y la etiqueta `<p>` se utiliza para crear párrafos de texto. Cada nivel de encabezado se utiliza para estructurar y jerarquizar el contenido del documento HTML, siendo `<h1>` el nivel más alto y `<h6>` el nivel más bajo.

Ejercicio 3. Inserta una imagen y crea enlaces a otra página web.

Crea un código que inserte una imagen y crea enlaces a otras páginas web en un documento HTML:

Solución:

```
<!DOCTYPE html>
<html lang="es">
<head>
    <meta charset="UTF-8">
```

```html
    <meta name="viewport"
content="width=device-width, initial-scale=1.0">
    <title>Imagen y Enlaces</title>
</head>
<body>
    <h1>Imagen y Enlaces</h1>

    <h2>Imagen</h2>
    <img src="https://via.placeholder.com/400"
alt="Placeholder" width="400">

    <h2>Enlaces</h2>
    <p>Visita estos sitios web:</p>
    <ul>
        <li><a href="https://www.ejemplo1.com"
target="_blank">Ejemplo 1</a></li>
        <li><a href="https://www.ejemplo2.com"
target="_blank">Ejemplo 2</a></li>
        <li><a href="https://www.ejemplo3.com"
target="_blank">Ejemplo 3</a></li>
    </ul>
</body>
</html>
```

En este ejemplo:

- Se utiliza la etiqueta `<img>` para insertar una imagen. El atributo `src` especifica la URL de la imagen, el atributo `alt` proporciona un texto alternativo que se muestra si la imagen no se carga correctamente, y el atributo `width` establece el ancho de la imagen en píxeles.

- Se utiliza la etiqueta `<a>` para crear enlaces a otras páginas web. El atributo `href` especifica la URL a la que apunta el enlace y el atributo `target="_blank"` hace que el enlace se abra en una nueva pestaña del navegador cuando se hace clic en él.
- Se utiliza una lista desordenada `<ul>` junto con etiquetas `<li>` para crear una lista de enlaces.

Puedes reemplazar la URL de la imagen y las URLs de los enlaces con las direcciones de las imágenes y páginas web que desees enlazar en tu documento HTML.

Ejercicio 4.Listas Ordenadas y No Ordenadas.

Elabora un ejercicio que crea listas ordenadas y no ordenadas, así como una tabla con contenido relevante en un documento HTML:

Solución:

```
<!DOCTYPE html>
<html lang="es">
<head>
    <meta charset="UTF-8">
    <meta name="viewport"
content="width=device-width, initial-scale=1.0">
    <title>Listas y Tabla</title>
</head>
<body>
    <h1>Listas y Tabla</h1>
```

```html
<h2>Listas Ordenadas y No Ordenadas</h2>
<h3>Listas Ordenadas</h3>
<ol>
    <li>Elemento 1</li>
    <li>Elemento 2</li>
    <li>Elemento 3</li>
</ol>

<h3>Listas No Ordenadas</h3>
<ul>
    <li>Elemento A</li>
    <li>Elemento B</li>
    <li>Elemento C</li>
</ul>

<h2>Tabla con Contenido Relevante</h2>
<table border="1">
    <thead>
        <tr>
            <th>Nombre</th>
            <th>Edad</th>
            <th>País</th>
        </tr>
    </thead>
    <tbody>
        <tr>
            <td>Juan</td>
            <td>25</td>
            <td>España</td>
        </tr>
        <tr>
            <td>María</td>
            <td>30</td>
            <td>México</td>
```

```
        </tr>
        <tr>
            <td>Carlos</td>
            <td>22</td>
            <td>Argentina</td>
        </tr>
    </tbody>
</table>
</body>
</html>
```

En este ejercicio:

- Se utiliza la etiqueta `<ol>` para crear una lista ordenada y `<ul>` para crear una lista no ordenada. Dentro de cada una de estas etiquetas, se utilizan las etiquetas `<li>` para cada elemento de la lista.
- Se utiliza la etiqueta `<table>` para crear una tabla. Dentro de la tabla, las etiquetas `<thead>` y `<tbody>` se utilizan para definir la cabecera y el cuerpo de la tabla, respectivamente. Las etiquetas `<th>` se utilizan para las celdas de encabezado y `<td>` para las celdas de datos.

Puedes modificar el contenido de las listas y la tabla según tus necesidades para practicar la creación de estos elementos en HTML.

Ejercicio 5. Formulario Básico.

Elabora un ejercicio que crea un formulario HTML básico con campos de entrada de texto, casillas de verificación y un botón de envío:

Solución:

```
<!DOCTYPE html>
<html lang="es">
<head>
    <meta charset="UTF-8">
    <meta name="viewport"
content="width=device-width, initial-scale=1.0">
    <title>Formulario HTML</title>
</head>
<body>
    <h1>Formulario HTML</h1>

    <form action="#" method="POST">
        <label for="nombre">Nombre:</label>
        <input type="text" id="nombre"
name="nombre" required><br>

        <label for="email">Correo
Electrónico:</label>
        <input type="email" id="email" name="email"
required><br>
```

```
        <label for="mensaje">Mensaje:</label><br>
        <textarea id="mensaje" name="mensaje"
rows="4" cols="50" required></textarea><br>

        <input type="checkbox" id="suscripcion"
name="suscripcion">
        <label for="suscripcion">Suscribirse al
boletín informativo</label><br>

        <input type="submit" value="Enviar">
    </form>
</body>
```

En este ejercicio:

- Se utiliza la etiqueta `<form>` para crear un formulario. El atributo `action` especifica la URL a la que se enviarán los datos del formulario (en este caso, "#" indica que los datos se enviarán a la misma página) y el atributo `method` especifica el método de envío de datos (en este caso, "POST").
- Se utilizan las etiquetas `<label>` para etiquetar cada campo de entrada, lo que mejora la accesibilidad y la usabilidad del formulario.
- Se utilizan las etiquetas `<input>` para crear campos de entrada de texto (`type="text"`), campos de correo electrónico (`type="email"`), casillas de verificación (`type="checkbox"`) y un botón de envío (`type="submit"`).
- Se utiliza la etiqueta `<textarea>` para crear un área de texto multilínea para el campo de mensaje.

25

- El atributo `required` se utiliza para hacer que algunos campos sean obligatorios.

Puedes personalizar el formulario y agregar más campos según tus necesidades específicas.

Ejercicio 6. Elementos Semánticos.

Crea un código que utiliza elementos semánticos como `<header>`, `<footer>`, `<nav>` y `<article>` para estructurar un documento HTML:

Solución:

```
<!DOCTYPE html>
<html lang="es">
<head>
    <meta charset="UTF-8">
    <meta name="viewport"
content="width=device-width, initial-scale=1.0">
    <title>Estructura Semántica HTML</title>
</head>
<body>
    <header>
        <h1>Nombre del Sitio</h1>
        <nav>
            <ul>
                <li><a href="#">Inicio</a></li>
                <li><a href="#">Acerca de</a></li>
                <li><a href="#">Servicios</a></li>
```

```html
            <li><a href="#">Contacto</a></li>
        </ul>
    </nav>
</header>

<article>
    <h2>Artículo Destacado</h2>
    <p>Lorem ipsum dolor sit amet, consectetur
adipiscing elit. Integer vestibulum massa eget
justo porta, vel suscipit risus molestie.</p>
    <p>Sed euismod ultrices mi vel eleifend.
Vivamus vehicula purus ac est suscipit dictum.</p>
</article>

<section>
    <h2>Otros Artículos</h2>
    <article>
        <h3>Título del Artículo 1</h3>
        <p>Contenido del artículo 1...</p>
    </article>
    <article>
        <h3>Título del Artículo 2</h3>
        <p>Contenido del artículo 2...</p>
    </article>
</section>

<footer>
    <p>&copy; 2024 Nombre del Sitio. Todos los
derechos reservados.</p>
    </footer>
</body>
</html>
```

En este ejercicio:

- Se utiliza la etiqueta `<header>` para el encabezado del sitio, que contiene el título del sitio y la barra de navegación.
- Se utiliza la etiqueta `<nav>` dentro del `<header>` para definir la barra de navegación, que contiene una lista de enlaces a diferentes secciones del sitio.
- Se utiliza la etiqueta `<article>` para definir un artículo principal dentro del cuerpo del documento. Este artículo podría representar un contenido destacado o principal en la página.
- Se utiliza la etiqueta `<section>` para agrupar otros artículos relacionados o secundarios.
- Se utiliza la etiqueta `<footer>` para el pie de página, que contiene información de derechos de autor o cualquier otra información relevante.

El uso de elementos semánticos ayuda a mejorar la accesibilidad y la comprensión del contenido por parte de los motores de búsqueda y otros dispositivos.

Ejercicio 7. Etiquetas Multimedia.

Crea un código que incorpora etiquetas multimedia `<audio>` y `<video>` para reproducir archivos de audio y video en un documento HTML:

Solución:

```
<!DOCTYPE html>
```

28

```
<html lang="es">
<head>
    <meta charset="UTF-8">
    <meta name="viewport"
content="width=device-width, initial-scale=1.0">
    <title>Etiquetas Multimedia HTML</title>
</head>
<body>
    <h1>Etiquetas Multimedia HTML</h1>

    <h2>Reproductor de Audio</h2>
    <audio controls>
        <source src="audio/ejemplo.mp3"
type="audio/mpeg">
        Tu navegador no admite el elemento de
audio.
    </audio>

    <h2>Reproductor de Video</h2>
    <video controls width="400">
        <source src="video/ejemplo.mp4"
type="video/mp4">
        Tu navegador no admite el elemento de
video.
    </video>
</body>
</html>
```

En este ejercicio:

- Se utiliza la etiqueta `<audio>` para insertar un reproductor de audio en la página. El atributo `controls` agrega controles de reproducción al reproductor para que los usuarios puedan reproducir, pausar y ajustar el volumen del audio. Se utiliza la etiqueta `<source>` para especificar la ruta del archivo de audio y su tipo MIME.

- Se utiliza la etiqueta `<video>` para insertar un reproductor de video en la página. Al igual que con `<audio>`, el atributo `controls` agrega controles de reproducción al reproductor. La etiqueta `<source>` se utiliza para especificar la ruta del archivo de video y su tipo MIME. Además, se utiliza el atributo `width` para establecer el ancho del reproductor de video en 400 píxeles.

Asegúrate de reemplazar "audio/ejemplo.mp3" y "video/ejemplo.mp4" con las rutas correctas de tus archivos de audio y video, respectivamente. Esto te permitirá reproducir tus propios archivos multimedia en tu documento HTML.

Ejercicio 8. Gráficos Simples.

Crea un código que utiliza la etiqueta `<canvas>` y JavaScript para dibujar gráficos simples en un lienzo HTML5:

Solución:

```
<!DOCTYPE html>
<html lang="es">
<head>
    <meta charset="UTF-8">
```

```html
    <meta name="viewport"
content="width=device-width, initial-scale=1.0">
    <title>Gráfico en Canvas</title>
</head>
<body>
    <h1>Gráfico en Canvas</h1>

    <canvas id="miCanvas" width="400" height="200"
style="border:1px solid #000;"></canvas>

    <script>
        // Obtener el contexto del lienzo
        var canvas =
document.getElementById("miCanvas");
        var ctx = canvas.getContext("2d");

        // Dibujar un rectángulo
        ctx.fillStyle = "#FF0000"; // Color rojo
        ctx.fillRect(50, 50, 100, 50); // (x, y,
ancho, alto)

        // Dibujar un círculo
        ctx.beginPath();
        ctx.arc(300, 100, 30, 0, 2 * Math.PI); //
(x, y, radio, inicio, fin)
        ctx.fillStyle = "#00FF00"; // Color verde
        ctx.fill();
        ctx.closePath();
    </script>
</body>
</html>
```

En este ejercicio:

31

- Se utiliza la etiqueta `<canvas>` para crear un lienzo en el que se pueden dibujar gráficos utilizando JavaScript.
- Se define un lienzo con un ancho de 400 píxeles y un alto de 200 píxeles, y se le da un borde de color negro.
- Se utiliza JavaScript para obtener el contexto del lienzo (`getContext("2d")`) y dibujar en él.
- Se dibuja un rectángulo rojo utilizando el método `fillRect()` del contexto del lienzo.
- Se dibuja un círculo verde utilizando el método `arc()` para definir el camino del círculo y `fill()` para rellenarlo.

Este es solo un ejemplo básico para mostrar cómo se puede usar la etiqueta `<canvas>` para dibujar gráficos simples en HTML5. Puedes experimentar y agregar más elementos gráficos y estilos según tus necesidades.

Ejercicio 9. Uso de APIs de Geolocalización.

Aquí tienes un ejercicio que utiliza las APIs de geolocalización y almacenamiento web para acceder a la ubicación del usuario y almacenar datos localmente en un documento HTML:

Solución:

```
<!DOCTYPE html>
<html lang="es">
```

```html
<head>
    <meta charset="UTF-8">
    <meta name="viewport"
content="width=device-width, initial-scale=1.0">
    <title>Geolocalización y Almacenamiento
Web</title>
</head>
<body>
    <h1>Geolocalización y Almacenamiento Web</h1>

    <button onclick="obtenerUbicacion()">Obtener
Ubicación</button>

    <p id="ubicacion"></p>

    <script>
        function obtenerUbicacion() {
            if (navigator.geolocation) {

navigator.geolocation.getCurrentPosition(mostrarUbi
cacion);
            } else {
                alert("La geolocalización no es
compatible con este navegador.");
            }
        }

        function mostrarUbicacion(posicion) {
            var ubicacion = "Latitud: " +
posicion.coords.latitude + "<br>Longitud: " +
posicion.coords.longitude;

document.getElementById("ubicacion").innerHTML =
ubicacion;
```

```
        // Almacenar la ubicación en el
almacenamiento local
        localStorage.setItem("latitud",
posicion.coords.latitude);
        localStorage.setItem("longitud",
posicion.coords.longitude);
    }

        // Recuperar la ubicación almacenada
localmente al cargar la página
        window.onload = function() {
            var latitud =
localStorage.getItem("latitud");
            var longitud =
localStorage.getItem("longitud");
            if (latitud && longitud) {

document.getElementById("ubicacion").innerHTML =
"Latitud: " + latitud + "<br>Longitud: " +
longitud;
            }
        };
    </script>
</body>
</html>
```

En este ejercicio:

- Se utiliza la API de geolocalización para obtener la ubicación del usuario cuando hace clic en el botón "Obtener Ubicación". La función `obtenerUbicacion()` verifica si el navegador admite la geolocalización y luego llama a

34

`getCurrentPosition()` para obtener la posición actual del usuario.

- La ubicación obtenida se muestra en la página y también se almacena localmente utilizando la API de almacenamiento web. La función `mostrarUbicacion()` se encarga de mostrar la ubicación en la página y almacenarla en el almacenamiento local.
- Cuando se carga la página, se comprueba si hay una ubicación almacenada localmente y, si la hay, se muestra en la página. Esto se hace utilizando `localStorage.getItem()` para recuperar los datos almacenados localmente.

Este ejercicio demuestra cómo utilizar las APIs de geolocalización y almacenamiento web para interactuar con la ubicación del usuario y almacenar datos de forma local en un documento HTML.

Ejercicio 10. Formulario Avanzado.

Crea un formulario HTML con elementos avanzados como campos de fecha, selección múltiple y campos de entrada con validación personalizada:

Solución:

```
<!DOCTYPE html>
<html lang="es">
<head>
    <meta charset="UTF-8">
```

```html
    <meta name="viewport"
content="width=device-width, initial-scale=1.0">
    <title>Formulario Avanzado HTML</title>
</head>
<body>
    <h1>Formulario Avanzado HTML</h1>

    <form action="#" method="POST">
        <label for="fecha">Fecha de
Nacimiento:</label>
        <input type="date" id="fecha" name="fecha"
required><br>

        <label for="intereses">Intereses:</label>
        <select id="intereses" name="intereses"
multiple size="3">
            <option
value="deporte">Deporte</option>
            <option value="musica">Música</option>
            <option
value="lectura">Lectura</option>
        </select><br>

        <label for="usuario">Nombre de
Usuario:</label>
        <input type="text" id="usuario"
name="usuario" pattern="[a-zA-Z0-9]{5,}" title="El
nombre de usuario debe contener al menos 5
caracteres alfanuméricos" required><br>

        <input type="submit" value="Enviar">
    </form>
</body>
</html>
```

En este ejercicio:

- Se utiliza el elemento `<input type="date">` para crear un campo de fecha de nacimiento. Este campo permite al usuario seleccionar una fecha de un calendario desplegable.
- Se utiliza el elemento `<select>` para crear un campo de selección múltiple llamado "Intereses". El atributo `multiple` permite al usuario seleccionar múltiples opciones, y el atributo `size` establece la altura de la lista desplegable.
- Se utiliza el elemento `<input type="text">` para crear un campo de nombre de usuario. El atributo `pattern` especifica una expresión regular que el valor del campo debe cumplir, y el atributo `title` proporciona un mensaje de validación personalizado que se muestra si el valor no coincide con el patrón especificado.
- Se utiliza el atributo `required` en todos los campos para hacerlos obligatorios.

Este formulario utiliza elementos avanzados de HTML para recopilar información del usuario de manera más precisa y proporcionar una mejor experiencia de usuario.

Ejercicios CSS

Estilos a un párrafo

Ejercicios básicos sobre cómo aplicar estilos a un párrafo en CSS:

Ejercicio 11. Cambio de Color de Texto:

Ejercicio: Cambia el color del texto del párrafo a azul.

```
p {
  color: blue;
}
```

Ejercicio 12. Cambio de Tamaño de Fuente:

Ejercicio: Aumenta el tamaño de la fuente del párrafo a 18px.

```
p {
  font-size: 18px;
}
```

Ejercicio 13.Texto en Negrita.

Ejercicio: Aplica negrita al texto del párrafo.

```
p {
  font-weight: bold;
}
```

Ejercicio 14. Cambio de Tipo de Fuente.

Ejercicio: Cambia la fuente del texto del párrafo a Arial.

```
p {
  font-family: Arial, sans-serif;
}
```

Ejercicio 15. Alineación de Texto.

Ejercicio: Alinea el texto del párrafo al centro.

```
p {
  text-align: center;
}
```

Ejercicio 16. Agregar Fondo de Color.

Ejercicio: Agrega un fondo de color amarillo al párrafo.

```
p {
  background-color: yellow;
}
```

Ejercicio 17. Agregar Margen Superior e Inferior:

Ejercicio: Agrega un margen superior de 10px y un margen inferior de 20px al párrafo.

```
p {
  margin-top: 10px;
  margin-bottom: 20px;
}
```

Ejercicio 18. Agregar Espacio entre Líneas:

Ejercicio: Aumenta el espacio entre líneas del texto del párrafo a 1.5.

```
p {
  line-height: 1.5;
}
```

Ejercicio 19. Cambio de Estilo de Borde:

Ejercicio: Agrega un borde sólido de 1px de color negro alrededor del párrafo.

```
p {
  border: 1px solid black;
}
```

Ejercicio 20. Agregar Padding:

Ejercicio: Agrega un relleno interno de 10px alrededor del texto del párrafo.

```
p {
  padding: 10px;
}
```

Uso de selectores y propiedades para estilizar elementos en una página web.

41

Ejercicio 21. Selector de Elemento:

Ejercicio: Selecciona todos los elementos `<p>` y cambia su color de texto a rojo.

```
p {
  color: red;
}
```

Solución y explicación: Este selector (`p`) selecciona todos los elementos de párrafo y cambia su color de texto a rojo.

Ejercicio 22. Selector de Clase.

Ejercicio: Selecciona todos los elementos con la clase "destacado" y cambia su fondo a amarillo.

```
.destacado {
  background-color: yellow;
}
```

Solución y explicación: Este selector (`.destacado`) selecciona todos los elementos que tienen la clase "destacado" y les aplica un fondo de color amarillo.

Ejercicio 23. Selector de ID:

Ejercicio: Selecciona el elemento con el ID "encabezado" y cambia su tamaño de fuente a 24px.

```
#encabezado {
  font-size: 24px;
}
```

Solución y explicación: Este selector (#encabezado) selecciona el elemento con el ID "encabezado" y cambia su tamaño de fuente a 24px.

Ejercicio 24. Selector Universal:

Ejercicio: Aplica un margen de 10px a todos los elementos del documento.

```
* {
  margin: 10px;
}
```

Solución y explicación: Este selector (*) selecciona todos los elementos del documento y les aplica un margen de 10px.

Ejercicio 25. Selector de Descendencia:

Ejercicio: Selecciona todos los elementos `<li>` dentro de un elemento con la clase "lista" y cambia su color de texto a azul.

```
.lista li {
  color: blue;
}
```

Solución y explicación: Este selector (`.lista li`) selecciona todos los elementos `<li>` que están dentro de un elemento con la clase "lista" y cambia su color de texto a azul.

Ejercicio 26. Selector de Grupo:

Ejercicio: Cambia el color de texto a verde tanto para los elementos `<h1>` como para los elementos `<h2>`.

```
h1, h2 {
  color: green;
}
```

Solución y explicación: Este selector (`h1, h2`) selecciona tanto los elementos `<h1>` como los elementos `<h2>` y les cambia el color de texto a verde.

Ejercicio 27. Selector de Atributo:

Ejercicio: Selecciona todos los enlaces que tengan un atributo `target` y cambia su color de fondo a gris.

```
a[target] {
 background-color: grey;
}
```

Solución y explicación: Este selector (`a[target]`) selecciona todos los enlaces que tengan un atributo `target` y les cambia el color de fondo a gris.

Ejercicio 28. Selector de Pseudo-clase:

Ejercicio: Cambia el color de texto de los enlaces cuando están siendo "hovered" (pasando el mouse sobre ellos) a rojo.

```
a:hover {
 color: red;
}
```

Solución y explicación: Este selector (`a:hover`) selecciona los enlaces cuando están siendo "hovered" y les cambia el color de texto a rojo.

Ejercicio 29. Selector de Pseudo-elemento:

Ejercicio: Añade un icono de flecha después de cada enlace.

```
a::after {
  content: "\2192";
}
```

Solución y explicación: Este selector (`a::after`) añade contenido después de cada enlace, en este caso, una flecha (→).

Ejercicio 30. Selector de Combinación:

Ejercicio: Selecciona los elementos `<p>` que son hijos directos de un elemento `<div>` y cambia su color de texto a naranja.

```
div > p {
  color: orange;
}
```

Solución y explicación: Este selector (`div > p`) selecciona los elementos `<p>` que son hijos directos de un elemento `<div>` y cambia su color de texto a naranja.

Cambiar el color y tamaño de fuente de un texto

Ejercicios sobre cómo cambiar el color y tamaño de fuente de un texto en CSS:

Ejercicio 31. Cambio de Color a Rojo:

Ejercicio: Cambia el color del texto a rojo.

```
p {
  color: red;
}
```

Ejercicio 32. Cambio de Color a Azul:

Ejercicio: Cambia el color del texto a azul.

```
p {
  color: blue;
}
```

Ejercicio 33. Cambio de Tamaño de Fuente a 16px:

Ejercicio: Cambia el tamaño de la fuente a 16px.

```
p {
  font-size: 16px;
}
```

Ejercicio 34. Cambio de Tamaño de Fuente a 20px:

Ejercicio: Cambia el tamaño de la fuente a 20px.

```
p {
  font-size: 20px;
}
```

Ejercicio 35. Cambio de Color y Tamaño de Fuente:

Ejercicio: Cambia el color del texto a verde y el tamaño de fuente a 18px.

```
p {
  color: green;
  font-size: 18px;
}
```

Ejercicio 36. Cambio de Color a Negro y Tamaño de Fuente a 24px:

Ejercicio: Cambia el color del texto a negro y el tamaño de fuente a 24px.

```
p {
  color: black;
  font-size: 24px;
```

Ejercicio 37. Cambio de Color a Gris y Tamaño de Fuente a 14px:

Ejercicio: Cambia el color del texto a gris y el tamaño de fuente a 14px.

```
p {
  color: grey;
  font-size: 14px;
}
```

Ejercicio 38. Cambio de Color a Morado y Tamaño de Fuente a 22px:

Ejercicio: Cambia el color del texto a morado y el tamaño de fuente a 22px.

```
p {
  color: purple;
  font-size: 22px;
}
```

Ejercicio 39. Cambio de Color a Verde Oscuro y Tamaño de Fuente a 18px:

Ejercicio: Cambia el color del texto a verde oscuro y el tamaño de fuente a 18px.

```
p {
  color: darkgreen;
  font-size: 18px;
}
```

Ejercicio 40. Cambio de Color a Rojo Oscuro y Tamaño de Fuente a 16px:

Ejercicio: Cambia el color del texto a rojo oscuro y el tamaño de fuente a 16px.

```
p {
  color: darkred;
  font-size: 16px;
}
```

Crear Cuadros con Bordes y fondos.

Crear un cuadro con bordes y fondo de diferentes colores.

Ejercicio 41. Cuadro Rojo con Borde Negro:

Ejercicio: Crea un cuadro con fondo rojo y borde negro.

```
.cuadro {
  background-color: red;
  border: 1px solid black;
```

```
 width: 100px;
 height: 100px;
}
```

Ejercicio 42. Cuadro Azul con Borde Verde:

Ejercicio: Crea un cuadro con fondo azul y borde verde.

```
.cuadro {
 background-color: blue;
 border: 2px solid green;
 width: 120px;
 height: 120px;
```

Ejercicio 43. Cuadro Verde con Borde Azul Dotted:

Ejercicio: Crea un cuadro con fondo verde y borde azul con estilo de línea punteada.

```
.cuadro {
 background-color: green;
 border: 3px dotted blue;
 width: 150px;
 height: 150px;
}
```

Ejercicio 44. Cuadro Amarillo con Borde Rojo Dashed:

Ejercicio: Crea un cuadro con fondo amarillo y borde rojo con estilo de línea discontinua.

```
.cuadro {
 background-color: yellow;
 border: 2px dashed red;
 width: 130px;
 height: 130px;
}
```

Ejercicio 45. Cuadro Naranja con Borde Negro y Grosor de Borde Aumentado:

Ejercicio: Crea un cuadro con fondo naranja, borde negro y grosor de borde aumentado.

```
.cuadro {
 background-color: orange;
 border: 4px solid black;
 width: 140px;
 height: 140px;
}
```

Ejercicio 46. Cuadro Morado con Borde Verde Oscuro y Esquina Redondeada:

Ejercicio: Crea un cuadro con fondo morado, borde verde oscuro y esquina redondeada.

```
.cuadro {
 background-color: purple;
 border: 2px solid darkgreen;
 border-radius: 10px;
 width: 160px;
 height: 160px;
}
```

Ejercicio 47. Cuadro Celeste con Borde Azul y Sombra:

Ejercicio: Crea un cuadro con fondo celeste, borde azul y sombra.

```
.cuadro {
 background-color: lightblue;
 border: 2px solid blue;
 box-shadow: 5px 5px 10px rgba(0, 0, 0, 0.5);
 width: 180px;
 height: 180px;
}
```

Ejercicio 48. Cuadro Gris con Borde Plata y Bordes Redondeados:

Ejercicio: Crea un cuadro con fondo gris, borde plateado y bordes redondeados.

```
.cuadro {
 background-color: grey;
 border: 2px solid silver;
 border-radius: 20px;
 width: 200px;
 height: 200px;
}
```

Ejercicio 49. Cuadro Negro con Borde Transparente y Bordes en Forma de Diamante:

Ejercicio: Crea un cuadro con fondo negro, borde transparente y bordes en forma de diamante.

```
.cuadro {
 background-color: black;
 border: 2px solid transparent;
 border-image: linear-gradient(to bottom right,
red, blue);
 border-image-slice: 1;
 width: 220px;
 height: 220px;
}
```

Ejercicio 50. Cuadro Blanco con Borde Dorado y Borde Doble:

Ejercicio: Crea un cuadro con fondo blanco, borde dorado y borde doble.

```
.cuadro {
background-color: white;
border: 4px double gold;
width: 240px;
height: 240px;
}
```

Crear Diseños tipo Responsive utilizando media queries en CSS.

Aquí tienes 10 ejercicios para crear diseños responsive utilizando media queries en CSS:

Ejercicio 51. Diseño de Dos Columnas en Pantallas Grandes:

Ejercicio: Crea un diseño de dos columnas en pantallas grandes y una columna en pantallas más pequeñas.

```css
.columna {
 float: left;
 width: 50%;
}

@media (max-width: 768px) {
 .columna {
 width: 100%;
 }
}
```

Ejercicio 52. Imagen de Fondo que se Ajusta a la Pantalla:

Ejercicio: Haz que una imagen de fondo se ajuste al tamaño de la pantalla en dispositivos móviles.

```css
.contenedor {
 background-image: url('imagen.jpg');
 background-size: cover;
 background-position: center;
 height: 100vh;
}

@media (min-width: 768px) {
 .contenedor {
 background-size: contain;
 }
}
```

Ejercicio 53. Menú de Navegación que se Convierte en Barra Lateral:

Ejercicio: Crea un menú de navegación horizontal en pantallas grandes y lo convierte en una barra lateral en pantallas más pequeñas.

```
.menu {
 display: flex;
 justify-content: space-around;
}

@media (max-width: 768px) {
 .menu {
 flex-direction: column;
 }
}
```

Ejercicio 54. Reorganización de Elementos en Dispositivos Móviles:

Ejercicio: Reorganiza los elementos de una página para que se muestren en una sola columna en dispositivos móviles.

```
.elemento {
 width: 50%;
 float: left;
}
```

```
@media (max-width: 768px) {
.elemento {
width: 100%;
float: none;
}
}
```

Ejercicio 55. Texto Más Grande en Pantallas Grandes:

Ejercicio: Haz que el tamaño del texto sea más grande en pantallas grandes y más pequeño en pantallas más pequeñas.

```
p {
font-size: 16px;
}

@media (min-width: 768px) {
p {
font-size: 20px;
}
}
```

Ejercicio 56. Ocultar Elementos en Dispositivos Pequeños.

Ejercicio: Oculta ciertos elementos en dispositivos móviles.

```
.elemento {
display: block;
```

```
}

@media (max-width: 768px) {
 .elemento {
 display: none;
 }
}
```

Ejercicio 57. Cambiar el Espaciado de los Elementos:

Ejercicio: Ajusta el espaciado entre los elementos en pantallas más pequeñas.

```
.elemento {
 margin-bottom: 20px;
}

@media (max-width: 768px) {
 .elemento {
 margin-bottom: 10px;
 }
}
```

Ejercicio 58. Menú Desplegable en Dispositivos Móviles:

Ejercicio: Crea un menú desplegable para dispositivos móviles.

```
.menu {
 display: none;
}
```

```
@media (max-width: 768px) {
  .menu {
  display: block;
  }
}
```

Ejercicio 59. Ajustar el Espaciado entre Columnas:

Ejercicio: Ajusta el espaciado entre las columnas en pantallas más pequeñas.

```
.columnas {
  column-count: 3;
  column-gap: 20px;
}

@media (max-width: 768px) {
  .columnas {
  column-count: 1;
  column-gap: 0;
  }
}
```

Ejercicio 60. Texto Centrado en Pantallas Pequeñas:

Ejercicio: Centra el texto en pantallas pequeñas.

```
 text-align: left;
}

@media (max-width: 768px) {
 p {
 text-align: center;
 }
}
```

Crear diseños de cajas flexibles utilizando Flexbox en CSS.

Ejercicio 61. Diseño de Columnas Distribuidas Equitativamente:

Ejercicio: Crea un diseño de tres columnas distribuidas equitativamente.

```
.contenedor {
 display: flex;
}

.columna {
 flex: 1;
}
```

Ejercicio 62. Diseño de Columnas con Espacios Entre Ellas:

Ejercicio: Crea un diseño de tres columnas con espacios entre ellas.

```
.contenedor {
 display: flex;
 justify-content: space-between;
}

.columna {
 flex: 1;
}
```

Ejercicio 63. Diseño de Columnas Alineadas al Centro:

Ejercicio: Crea un diseño de tres columnas alineadas al centro.

```
.contenedor {
 display: flex;
 justify-content: center;
}

.columna {
 flex: 1;
}
```

Ejercicio 64. Diseño de Columnas Apiladas en Dispositivos Móviles:

Ejercicio: Crea un diseño de columnas apiladas en dispositivos móviles.

```css
.contenedor {
 display: flex;
 flex-direction: column;
}
```

Ejercicio 65. Diseño de Columnas con Elemento Principal Expandido:

Ejercicio: Crea un diseño de tres columnas con una columna principal que ocupa más espacio.

```css
.contenedor {
 display: flex;
}

.columna-principal {
 flex: 2;
}

.columna {
 flex: 1;
}
```

Ejercicio 66. Diseño de Columnas con Elemento Central Fijo:

Ejercicio: Crea un diseño de tres columnas con un elemento central que tiene un ancho fijo.

```
.contenedor {
  display: flex;
}

.columna-central {
  flex: none;
  width: 200px;
}

.columna {
  flex: 1;
}
```

Ejercicio 67. Diseño de Columnas con Elemento Principal alineado a la Derecha:

Ejercicio: Crea un diseño de tres columnas con el elemento principal alineado a la derecha.

```
.contenedor {
```

```
  display: flex;
  justify-content: flex-end;
}

.columna {
  flex: 1;
}
```

Ejercicio 68. Diseño de Columnas con Elementos Alineados al Centro Verticalmente:

Ejercicio: Crea un diseño de tres columnas con elementos alineados al centro verticalmente.

```
.contenedor {
  display: flex;
  align-items: center;
}

.columna {
  flex: 1;
}
```

Ejercicio 69. Diseño de Columnas con Elementos Alineados al Final Verticalmente:

Ejercicio: Crea un diseño de tres columnas con elementos alineados al final verticalmente.

```
.contenedor {
 display: flex;
 align-items: flex-end;
}

.columna {
 flex: 1;
}
```

Ejercicio 70. Diseño de Columnas con Espacio Igual Alrededor de los Elementos:

Ejercicio: Crea un diseño de tres columnas con espacio igual alrededor de los elementos.

```
.contenedor {
 display: flex;
 justify-content: space-around;
}

.columna {
 flex: 1;
}
```

Crear una animación de transición en un botón.

Solución y explicación: Uso de @keyframes y propiedades de animación CSS.

Ejercicios para crear animaciones de transición en un botón utilizando `@keyframes` y propiedades de animación CSS, junto con su solución y explicación:

Ejercicio 71. Animación de Cambio de Color al Pasar el Mouse.

Ejercicio: Crea una animación de cambio de color al pasar el mouse sobre el botón.

```
.boton {
 transition: background-color 0.3s ease;
}

.boton:hover {
 background-color: red;
}
```

Ejercicio 72. Animación de Cambio de Tamaño al Pasar el Mouse:

Ejercicio: Crea una animación de cambio de tamaño al pasar el mouse sobre el botón.

```
.boton {
 transition: transform 0.3s ease;
}
```

```
.boton:hover {
  transform: scale(1.1);
}
```

Ejercicio 73. Animación de Cambio de Opacidad al Pasar el Mouse:

Ejercicio: Crea una animación de cambio de opacidad al pasar el mouse sobre el botón.

```
.boton {
  transition: opacity 0.3s ease;
}

.boton:hover {
  opacity: 0.7;
}
```

Ejercicio 74. Animación de Cambio de Color al Hacer Clic:

Ejercicio: Crea una animación de cambio de color al hacer clic en el botón.

```
.boton {
  transition: background-color 0.3s ease;
```

```
}

.boton:active {
 background-color: green;
}
```

Ejercicio 75. Animación de Rotación al Pasar el Mouse:

Ejercicio: Crea una animación de rotación al pasar el mouse sobre el botón.

```
@keyframes rotacion {
 from {
 transform: rotate(0deg);
 }
 to {
 transform: rotate(360deg);
 }
}

.boton {
 transition: transform 1s ease;
}

.boton:hover {
 animation: rotacion 2s linear infinite;
}
```

Ejercicio 76. Animación de Desplazamiento al Hacer Clic:

Ejercicio: Crea una animación de desplazamiento al hacer clic en el botón.

```css
@keyframes desplazamiento {
  0% {
  transform: translateY(0);
  }
  50% {
  transform: translateY(20px);
  }
  100% {
  transform: translateY(0);
  }
}

.boton {
  transition: transform 0.3s ease;
}

.boton:active {
  animation: desplazamiento 0.5s ease;
}
```

Ejercicio 77. Animación de Cambio de Ancho al Pasar el Mouse:

Ejercicio: Crea una animación de cambio de ancho al pasar el mouse sobre el botón.

```
.boton {
 transition: width 0.3s ease;
}

.boton:hover {
 width: 150px;
}
```

Ejercicio 78. Animación de Cambio de Bordes al Pasar el Mouse:

Crea una animación de cambio de bordes al pasar el mouse sobre el botón.

```
.boton {
 transition: border-radius 0.3s ease;
}

.boton:hover {
 border-radius: 50%;
}
```

Ejercicio 79.Animación de Cambio de Texto al Hacer Clic:

Ejercicio: Crea una animación de cambio de texto al hacer clic en el botón.

```
.boton {
 transition: color 0.3s ease;
}

.boton:active {
 color: purple;
}
```

Ejercicio 80. Animación de Cambio de Sombra al Pasar el Mouse:

Ejercicio: Crea una animación de cambio de sombra al pasar el mouse sobre el botón.

```
.boton {
 transition: box-shadow 0.3s ease;
 box-shadow: 3px 3px 5px rgba(0, 0, 0, 0.3);
}

.boton:hover {
 box-shadow: 5px 5px 10px rgba(0, 0, 0, 0.5);
}
```

Crear un diseño de página complejo utilizando CSS Grid.

Solución y explicación: Introducción a CSS Grid y su sistema de rejilla.

Ejercicio 81. Diseño de Página de Dos Columnas:

Ejercicio: Crea un diseño de página de dos columnas con una barra lateral y contenido principal.

```
.contenedor {
 display: grid;
 grid-template-columns: 1fr 3fr;
 grid-gap: 20px;
}
```

Ejercicio 82. Diseño de Cuatro Secciones en Cuadrícula:

Ejercicio: Crea un diseño de página con cuatro secciones en una cuadrícula.

```
.contenedor {
 display: grid;
 grid-template-columns: repeat(2, 1fr);
 grid-template-rows: repeat(2, 1fr);
 grid-gap: 20px;
```

```
}
```

Ejercicio 83. Diseño de Barra Lateral con Contenido Principal y Secundario:

Ejercicio: Crea un diseño de página con una barra lateral, contenido principal y contenido secundario.

```
.contenedor {
  display: grid;
  grid-template-columns: 1fr 2fr 1fr;
  grid-gap: 20px;
```

Ejercicio 84. Diseño de Página con Encabezado,

Contenido y Pie de Página:

Ejercicio: Crea un diseño de página con un encabezado, contenido y pie de página.

```
.contenedor {
  display: grid;
  grid-template-rows: auto 1fr auto;
}
```

Ejercicio 85. Diseño de Mosaico de Imágenes:

Ejercicio: Crea un diseño de mosaico de imágenes utilizando CSS Grid.

```
.contenedor {
 display: grid;
 grid-template-columns: repeat(auto-fit,
minmax(200px, 1fr));
 grid-gap: 20px;
}
```

Ejercicio 86. Diseño de Secciones con Tamaños Específicos:

Ejercicio: Crea un diseño de página con secciones de tamaños específicos.

```
.contenedor {
 display: grid;
 grid-template-columns: 200px 1fr;
 grid-template-rows: 100px 1fr;
 grid-gap: 20px;
}
```

Ejercicio 87. Diseño de Galería de Fotos con Filas y Columnas Especificadas:

Ejercicio: Crea un diseño de galería de fotos con un número específico de filas y columnas.

```
.contenedor {
 display: grid;
 grid-template-columns: repeat(3, 1fr);
 grid-template-rows: repeat(2, 200px);
 grid-gap: 20px;
}
```

Ejercicio 88. Diseño de Formulario con Etiquetas y Campos de Entrada:

Ejercicio: Crea un diseño de formulario con etiquetas y campos de entrada alineados.

```
.contenedor {
 display: grid;
 grid-template-columns: 1fr;
 grid-gap: 10px;
}

label {
 grid-column: 1;
}
```

```
input {
 grid-column: 2;
}
```

Ejercicio 89. Diseño de Cabecera con Menú de Navegación:

Ejercicio: Crea un diseño de cabecera con un menú de navegación horizontal.

```
.contenedor {
 display: grid;
 grid-template-columns: auto 1fr;
}

.menu {
 grid-column: 2;
}
```

Ejercicio 90. Diseño de Tarjetas en Cuadrícula con Tamaño Fijo:

Ejercicio: Crea un diseño de tarjetas en una cuadrícula con tamaño fijo.

```
.contenedor {
 display: grid;
 grid-template-columns: repeat(auto-fit,
minmax(200px, 1fr));
```

77

```
  grid-gap: 20px;
}
```

Aplicar estilos utilizando selectores avanzados como :not(), :nth-child(), etc.

Solución y explicación: Uso de selectores avanzados para aplicar estilos de manera más específica.

Ejercicio 91. Aplicar Estilos a Todos los Elementos Excepto uno:

Ejercicio: Aplica estilos a todos los elementos `<p>` excepto al que tiene la clase "excepcion".

```
p:not(.excepcion) {
  color: blue;
}
```

Ejercicio 92. Aplicar Estilos a los Elementos Impares de una Lista:

Ejercicio: Aplica estilos a los elementos impares de una lista `<ul>`.

```
ul li:nth-child(odd) {
  background-color: lightgrey;
}
```

Ejercicio 93. Aplicar Estilos a los Elementos Pares de una Tabla:

Ejercicio: Aplica estilos a las filas pares de una tabla `<table>`.

```
table tr:nth-child(even) {
 background-color: lightblue;
}
```

Ejercicio 94. Aplicar Estilos a los Elementos en Posiciones Específicas:

Ejercicio: Aplica estilos al primer y último elemento de una lista `<ul>`.

```
ul li:nth-child(1),
ul li:last-child {
 font-weight: bold;
}
```

Ejercicio 95. Aplicar Estilos a los Elementos Excepto el Último:

Ejercicio: Aplica estilos a todos los elementos de una lista `<ul>` excepto al último.

```
ul li:not(:last-child) {
 border-bottom: 1px solid grey;
}
```

Ejercicio 96. Aplicar Estilos a los Elementos que Contienen Texto Específico:

Ejercicio: Aplica estilos a los elementos `<p>` que contienen la palabra "importante".

```
p:contains("importante") {
  font-weight: bold;
}
```

Ejercicio 97. Aplicar Estilos a los Elementos que Son Hijos Directos de Otro Elemento:

Ejercicio: Aplica estilos a los elementos `<span>` que son hijos directos de un elemento `<div>`.

```
div > span {
  color: red;
}
```

Ejercicio 98. Aplicar Estilos a los Elementos en Función de su Número de Índice:

Ejercicio: Aplica estilos al segundo y tercer elemento de una lista `<ul>`.

```
ul li:nth-child(n+2):nth-child(-n+3) {
  color: green;
```

```
}
```

Ejercicio 99. Aplicar Estilos a los Elementos que Tienen Atributos Específicos:

Ejercicio: Aplica estilos a los enlaces `<a>` que tienen el atributo `target`.

```
a[target] {
  text-decoration: underline;
}
```

Ejercicio 100. Aplicar Estilos a los Elementos que No Tienen un Atributo Específico:

Ejercicio: Aplica estilos a los enlaces `<a>` que no tienen el atributo `href`.

```
a:not([href]) {
  color: grey;
}
```

Crear un diseño creativo utilizando técnicas avanzadas de CSS.

Aplicación de todas las técnicas aprendidas en ejercicios anteriores para crear un diseño complejo y creativo.

Ejercicio 101. Diseño de una Galería de Imágenes con Efectos de Hover:

Ejercicio: Crea una galería de imágenes donde al pasar el mouse sobre cada imagen se apliquen efectos de transición como escala y opacidad.

```css
.contenedor {
  display: grid;
  grid-template-columns: repeat(auto-fill,
minmax(200px, 1fr));
  grid-gap: 20px;
}

.imagen {
  transition: transform 0.3s ease, opacity 0.3s
ease;
}



.imagen:hover {
  transform: scale(1.1);
  opacity: 0.8;
}
```

Ejercicio 102. Diseño de una Barra de Navegación con Efectos de Desplazamiento al Hacer Clic:

Ejercicio: Crea una barra de navegación con efectos de desplazamiento suave al hacer clic en los enlaces internos de la página.

```css
.nav {
 position: fixed;
 top: 0;
 left: 0;
 width: 100%;
 background-color: rgba(0, 0, 0, 0.5);
 z-index: 1000;
}

.nav a {
 color: white;
 padding: 10px 20px;
 text-decoration: none;
}

.nav a:hover {
 background-color: rgba(255, 255, 255, 0.2);
}

.seccion {
 scroll-behavior: smooth;
     }
```

Ejercicio 103. Diseño de una Tarjeta Interactiva con Efectos de Rotación:

Ejercicio: Crea una tarjeta interactiva que rote al pasar el mouse sobre ella.

```css
.tarjeta {
 perspective: 1000px;
}

.tarjeta:hover .contenido {
 transform: rotateY(180deg);
}

.contenido {
 transition: transform 0.6s;
 transform-style: preserve-3d;
}

.cara, .reverso {
 width: 100%;
 height: 100%;
 backface-visibility: hidden;
 position: absolute;
}

.reverso {
 transform: rotateY(180deg);
}
```

Ejercicio 104. Diseño de una Caja de Alerta con Animaciones de Aparición y Desaparición:

Ejercicio: Crea una caja de alerta que aparezca con una animación suave y se cierre al hacer clic en un botón de cierre.

```css
.alerta {
  display: none;
  position: fixed;
  top: 50%;
  left: 50%;
  transform: translate(-50%, -50%);
  background-color: #f8d7da;
  color: #721c24;
  padding: 15px;
  border: 1px solid #f5c6cb;
  border-radius: 5px;
  animation: aparecer 0.5s ease forwards;
}

.cerrar {
  position: absolute;
  top: 5px;
  right: 5px;
  cursor: pointer;
}
```

```css
@keyframes aparecer {
 from {
 opacity: 0;
 }
 to {
 opacity: 1;
 }
}

@keyframes desaparecer {
 from {
 opacity: 1;
 }
 to {
 opacity: 0;
 }
}

.cerrar:hover + .alerta {
 animation: desaparecer 0.5s ease forwards;
}
```

Ejercicio 105. Diseño de un Menú de Hamburguesa con Transición Suave:

Ejercicio: Crea un menú de hamburguesa que se expanda con una transición suave al hacer clic en el ícono.

```css
.menu {
 display: none;
 position: fixed;
```

```css
  top: 0;
  left: 0;
  width: 100%;
  height: 100%;
  background-color: rgba(0, 0, 0, 0.5);
  transition: opacity 0.3s ease;
  z-index: 1000;
}

.menu.abierto {
  display: block;
}

.contenido-menu {
  position: absolute;
  top: 50%;
  left: 50%;
  transform: translate(-50%, -50%);
  background-color: white;
  padding: 20px;
  border-radius: 5px;
}

.menu-icono {
  cursor: pointer;
}

.menu-icono:hover + .menu {
  opacity: 1;
}
```

Ejercicio 106. Diseño de una Lista de Tareas con Efecto de Tachado al Completar:

Ejercicio: Crea una lista de tareas donde los elementos se tachen al marcarlos como completados.

```css
.tarea {
 margin: 10px 0;
 cursor: pointer;
}

.tarea.completada {
 text-decoration: line-through;
}
```

Ejercicio 107. Diseño de un Botón con Efecto de Onda al Hacer Clic:

Ejercicio: Crea un botón con un efecto de onda al hacer clic en él.

```css
.boton {
 position: relative;
 overflow: hidden;
}
```

```
.efecto-onda {
 position: absolute;
 border-radius: 50%;
 background-color: rgba(255, 255, 255, 0.3);
 transform: scale(0);
 animation: onda 0.5s linear;
}

@keyframes onda {
 to {
 transform: scale(4);
 opacity: 0;
 }
}
```

Ejercicio 108. Diseño de una Barra de Progreso con Animación de Llenado:

Ejercicio: Crea una barra de progreso con animación que simule el llenado gradual al cargar una página.

```
.barra-progreso {
 width: 100%;
 height: 20px;
 background-color: #ddd;
 position: relative;
}

.progreso {
 width: 0%;
 height: 100%;
```

```
background-color: #4caf50;
position: absolute;
top: 0;
left: 0;
animation: llenado 3s ease forwards;
}

@keyframes llenado {
to {
width: 100%;
 }
}
```

Ejercicio 109. Diseño de un Carrusel de Imágenes con Transición Suave:

Ejercicio: Crea un carrusel de imágenes con transiciones suaves entre ellas.

```
.carrusel {
overflow: hidden;
width: 100%;
position: relative;
}

.carrusel-imagenes {
display: flex;
transition: transform 0.5s ease;
}
```

```
.carrusel-imagen {
 flex: 0 0 100%;
}
```

Ejercicio 110. Diseño de una Pantalla de Carga con Animación de Rotación:

Ejercicio: Crea una pantalla de carga con un ícono animado que rote mientras se carga el contenido.

```
.pantalla-carga {
 position: fixed;
 top: 0;
 left: 0;
 width: 100%;
 height: 100%;
 background-color: #fff;
 display: flex;
 justify-content: center;
 align-items: center;
}

.icono-carga {
 animation: rotacion 1s linear infinite;
}

@keyframes rotacion {
 from {
 transform: rotate(0deg);
 }
 to {
```

```
transform: rotate(360deg);
 }
}
```

Diferentes formas de especificar colores-

Aquí tienes una lista de las diferentes formas de especificar colores
en CSS:

1. Nombres de Colores: CSS tiene una lista predefinida de
   nombres de colores, que incluyen, entre otros, "red", "blue",
   "green", "yellow", "black", "white", "gray", "orange", "purple",
   "cyan", "magenta", etc.
2. Valores Hexadecimales: Puedes especificar colores usando
   valores hexadecimales de la forma "#RRGGBB" donde RR,
   GG y BB representan los componentes rojo, verde y azul en
   hexadecimal, respectivamente. Por ejemplo, "#FF0000"
   representa rojo puro.
3. Valores RGB: Puedes especificar colores utilizando la
   función `rgb()` que toma tres valores numéricos separados
   por comas que representan los componentes rojo, verde y
   azul en un rango de 0 a 255. Por ejemplo, `rgb(255, 0, 0)`
   representa rojo puro.
4. Valores RGBA: Similar a `rgb()`, puedes especificar colores
   utilizando la función `rgba()` que toma cuatro valores
   numéricos separados por comas que representan los
   componentes rojo, verde, azul y un valor alfa (transparencia)
   en un rango de 0 a 1. Por ejemplo, `rgba(255, 0, 0,
   0.5)` representa rojo semitransparente.
5. Valores HSL: Puedes especificar colores utilizando la
   función `hsl()` que toma tres valores: matiz (H), saturación

(S) y luminosidad (L), expresados en grados, porcentaje y porcentaje, respectivamente. Por ejemplo, `hsl(0, 100%, 50%)` representa rojo puro.

6. Valores HSLA: Similar a `hsl()`, puedes especificar colores utilizando la función `hsla()` que también toma cuatro valores, incluido un valor alfa (transparencia). Por ejemplo, `hsla(0, 100%, 50%, 0.5)` representa rojo semitransparente.

Estas son las principales formas de especificar colores en CSS. Puedes utilizar cualquiera de ellas según tus necesidades y preferencias en tu hoja de estilo.

Tamaños de fuentes que se pueden usar en CSS.

En CSS, puedes especificar tamaños de fuentes de diversas maneras. Aquí tienes una lista de las principales unidades de medida que puedes usar para especificar tamaños de fuentes en CSS:

1. Pixels (px): Esta es una unidad de medida absoluta que especifica un tamaño de fuente en píxeles. Por ejemplo: `font-size: 16px;`.

2. Em (em): Esta es una unidad de medida relativa con respecto al tamaño de fuente del elemento padre. Por ejemplo: `font-size: 1.2em;` significa que la fuente es un 20% más grande que la fuente del elemento padre.

3. Porcentaje (%): Esta es otra unidad de medida relativa que se basa en el tamaño de fuente del elemento padre. Por

ejemplo: `font-size: 120%;` significa que la fuente es un 20% más grande que la fuente del elemento padre.

4. Puntos (pt): Esta es una unidad de medida absoluta comúnmente utilizada en la tipografía tradicional. Un punto es aproximadamente 1/72 de pulgada. Por ejemplo: `font-size: 12pt;`.

5. Picopulgadas (pc): Esta es otra unidad de medida absoluta que es igual a 12 puntos. Por ejemplo: `font-size: 1pc;` es equivalente a `font-size: 12pt;`.

6. Viewport Width (vw): Esta es una unidad de medida relativa basada en el ancho de la ventana gráfica. Por ejemplo: `font-size: 5vw;` significa que la fuente tendrá el 5% del ancho de la ventana gráfica.

7. Viewport Height (vh): Similar a vw, esta es una unidad de medida relativa basada en la altura de la ventana gráfica. Por ejemplo: `font-size: 3vh;` significa que la fuente tendrá el 3% de la altura de la ventana gráfica.

8. Viewport Minimum (vmin): Esta unidad de medida relativa se basa en el valor mínimo entre vw y vh. Por ejemplo: `font-size: 2vmin;` significa que la fuente será el 2% del valor mínimo entre el ancho y la altura de la ventana gráfica.

9. Viewport Maximum (vmax): Esta unidad de medida relativa se basa en el valor máximo entre vw y vh. Por ejemplo: `font-size: 4vmax;` significa que la fuente será el 4% del valor máximo entre el ancho y la altura de la ventana gráfica.

Estas son las principales unidades de medida que puedes usar para especificar tamaños de fuentes en CSS. Puedes elegir la unidad que mejor se adapte a tus necesidades y preferencias de diseño.

Tipos de fuentes se pueden usar en CSS.

En CSS, puedes especificar diferentes tipos de fuentes para tus elementos de texto. Aquí tienes una lista de los principales tipos de fuentes que puedes utilizar:

1. Fuentes Web Seguras: Son fuentes que están preinstaladas en la mayoría de los sistemas operativos y dispositivos. Algunos ejemplos comunes incluyen Arial, Helvetica, Times New Roman, Courier New, Georgia y Verdana. Puedes usar estas fuentes simplemente especificando su nombre en tu hoja de estilo CSS.

```
font-family: Arial, Helvetica, sans-serif;
```

2. Fuentes Genéricas: Son categorías de fuentes que se utilizan como respaldo cuando una fuente específica no está disponible en el sistema del usuario. Algunos ejemplos incluyen serif, sans-serif, monospace, cursive y fantasy.

```
font-family: serif;
```

3. Fuentes Descargables: Puedes usar fuentes personalizadas descargadas de la web o alojadas localmente en tu servidor. Para utilizar estas fuentes, primero debes descargarlas y luego especificar su ruta de

archivo en tu hoja de estilo CSS utilizando la propiedad
`@font-face`.

```css
@font-face {
  font-family: MiFuente;
  src: url('ruta/a/mifuenteregular.woff2')
format('woff2'),
  url('ruta/a/mifuenteregular.woff')
format('woff');
}

h1 {
  font-family: MiFuente, serif;
}
```

4. Fuentes de Google Fonts: Google Fonts es una biblioteca de fuentes web gratuita que ofrece una amplia variedad de fuentes para usar en tus proyectos web. Puedes enlazar estas fuentes en tu documento HTML y luego especificarlas en tu hoja de estilo CSS.

```html
<link rel="stylesheet"
href="https://fonts.googleapis.com/css?family=
Roboto">
```

```css
font-family: 'Roboto', sans-serif;
```

5. Fuentes de Iconos: Además de las fuentes de texto tradicionales, también puedes utilizar fuentes de iconos como FontAwesome, Material Icons o Ionicons para mostrar

iconos en lugar de texto. Estas fuentes contienen símbolos y pictogramas que pueden ser útiles para diseñar interfaces de usuario.

```
<link rel="stylesheet"
href="https://cdnjs.cloudflare.com/ajax/libs/f
ont-awesome/5.15.4/css/all.min.css">
.icono {
 font-family: 'Font Awesome', sans-serif;
     }
```

Ejercicios de HTML y CSS

Ejercicio 111. Crear una página de inicio simple:

Crea una página HTML básica con un encabezado, un párrafo y un enlace. Utiliza CSS para cambiar el color de fondo del encabezado y del cuerpo de la página.

Solución:

```
<!DOCTYPE html>
<html lang="es">
<head>
    <meta charset="UTF-8">
```

```
    <meta name="viewport"
content="width=device-width, initial-scale=1.0">
    <title>Página de Inicio</title>
    <link rel="stylesheet" href="styles.css">
</head>
<body>
    <header>
        <h1>Bienvenido a mi sitio web</h1>
    </header>
    <main>
        <p>Esta es una página de inicio simple.</p>
        <p>Puedes encontrar más información sobre
nosotros <a href="sobre.html">aquí</a>.</p>
    </main>
</body>
</html>
```

CSS (styles.css):

```
body {
 background-color: #f0f0f0; /* Cambia el color de
fondo del cuerpo de la página */
 font-family: Arial, sans-serif; /* Utiliza la
fuente Arial como predeterminada */
}

header {
 background-color: #333; /* Cambia el color de
fondo del encabezado */
 color: #fff; /* Cambia el color del texto del
encabezado a blanco */
 padding: 20px; /* Añade un espacio alrededor del
contenido del encabezado */
```

```
}

main {
 padding: 20px; /* Añade un espacio alrededor del
contenido principal */
}
```

En este ejemplo:

- La página HTML contiene un encabezado (`<header>`) con un título (`<h1>`) y un párrafo (`<p>`) que actúa como cuerpo principal de la página (`<main>`).
- Se utiliza un archivo CSS externo (styles.css) para aplicar estilos a la página. En el CSS, se cambia el color de fondo del cuerpo de la página (body) y del encabezado (header). También se ajustan los estilos del texto para que sea legible y atractivo.

Este es un ejemplo muy básico, pero puedes expandirlo agregando más contenido, estilos y funcionalidades según sea necesario.

Ejercicio 112. Crea el código HTML y CSS combinado para la página de inicio simple.

Solución:

```
<!DOCTYPE html>
<html lang="es">
<head>
    <meta charset="UTF-8">
```

```html
    <meta name="viewport"
content="width=device-width, initial-scale=1.0">
    <title>Página de Inicio</title>
    <style>
        body {
            background-color: #f0f0f0; /* Cambia el
color de fondo del cuerpo de la página */
            font-family: Arial, sans-serif; /*
Utiliza la fuente Arial como predeterminada */
        }

        header {
            background-color: #333; /* Cambia el
color de fondo del encabezado */
            color: #fff; /* Cambia el color del
texto del encabezado a blanco */
            padding: 20px; /* Añade un espacio
alrededor del contenido del encabezado */
        }

        main {
            padding: 20px; /* Añade un espacio
alrededor del contenido principal */
        }
    </style>
</head>
<body>
    <header>
        <h1>Bienvenido a mi sitio web</h1>
    </header>
    <main>
        <p>Esta es una página de inicio simple.</p>
        <p>Puedes encontrar más información sobre
nosotros <a href="sobre.html">aquí</a>.</p>
```

```
    </main>
</body>
</html>
```

En este código, se ha eliminado la referencia al archivo CSS externo
y se ha incluido directamente el código CSS dentro de la etiqueta
`<style>` en el encabezado del documento HTML. Esto permite que
el CSS se aplique correctamente sin necesidad de cargar un archivo
externo.

Ejercicio 113. Tareas Pendientes.

Crea una lista HTML de tareas pendientes utilizando elementos <ul>
y <li>. Utiliza CSS para estilizar los elementos de la lista y darles un
aspecto visual atractivo.

Solución:

HTML (index.html):

```
<!DOCTYPE html>
<html lang="es">
<head>
    <meta charset="UTF-8">
    <meta name="viewport"
content="width=device-width, initial-scale=1.0">
    <title>Lista de Tareas Pendientes</title>
    <link rel="stylesheet" href="styles.css">
```

```html
</head>
<body>
    <h1>Lista de Tareas Pendientes</h1>

    <ul class="lista-tareas">
        <li>Terminar el informe</li>
        <li>Ir al supermercado</li>
        <li>Llamar a Juan</li>
        <li>Revisar el correo electrónico</li>
    </ul>
</body>
</html>
```

CSS (styles.css):

```css
body {
 font-family: Arial, sans-serif; /* Utiliza la
fuente Arial como predeterminada */
 background-color: #f4f4f4; /* Cambia el color de
fondo del cuerpo de la página */
 padding: 20px; /* Añade espacio alrededor del
contenido */
}

h1 {
 text-align: center; /* Centra el título */
 color: #333; /* Cambia el color del texto del
título */
}
```

```css
.lista-tareas {
 list-style-type: none; /* Elimina los puntos de la
lista */
 padding: 0; /* Elimina el espacio interior de la
lista */
 margin: 20px 0; /* Añade espacio superior e
inferior a la lista */
}

.lista-tareas li {
 background-color: #fff; /* Cambia el color de
fondo de cada elemento de la lista */
 padding: 10px; /* Añade espacio alrededor de cada
elemento de la lista */
 margin-bottom: 10px; /* Añade espacio entre los
elementos de la lista */
 border-radius: 5px; /* Agrega bordes redondeados a
los elementos de la lista */
 box-shadow: 0 2px 4px rgba(0, 0, 0, 0.1); /*
Agrega una sombra suave a los elementos de la lista
*/
}

.lista-tareas li:hover {
 background-color: #f9f9f9; /* Cambia el color de
fondo al pasar el cursor sobre cada elemento de la
lista */
}
```

En este ejemplo:

- Se utiliza una lista desordenada (`<ul>`) para crear la lista de tareas pendientes. Cada tarea se representa como un elemento de lista (`<li>`) dentro de la lista.
- Se utiliza CSS para estilizar la lista y darle un aspecto visual atractivo. Se eliminan los puntos de la lista, se añade espacio alrededor de cada elemento de la lista, se establece un fondo y se agregan bordes redondeados y sombras suaves a cada tarea.
- Se utiliza una regla :hover en CSS para cambiar el color de fondo de cada tarea cuando se pasa el cursor sobre ella, lo que proporciona un feedback visual al usuario.

Este código crea una lista de tareas pendientes con un diseño limpio y moderno. Puedes personalizar los estilos según tus preferencias para que se adapten mejor al diseño de tu página.

Código HTML y CSS combinado para la lista de tareas pendientes:

```
<!DOCTYPE html>
<html lang="es">
<head>
    <meta charset="UTF-8">
    <meta name="viewport"
content="width=device-width, initial-scale=1.0">
    <title>Lista de Tareas Pendientes</title>
    <style>
```

```css
body {
    font-family: Arial, sans-serif; /*
Utiliza la fuente Arial como predeterminada */
    background-color: #f4f4f4; /* Cambia el
color de fondo del cuerpo de la página */
    padding: 20px; /* Añade espacio
alrededor del contenido */
}

h1 {
    text-align: center; /* Centra el título
*/
    color: #333; /* Cambia el color del
texto del título */
}

.lista-tareas {
    list-style-type: none; /* Elimina los
puntos de la lista */
    padding: 0; /* Elimina el espacio
interior de la lista */
    margin: 20px 0; /* Añade espacio
superior e inferior a la lista */
}

.lista-tareas li {
    background-color: #fff; /* Cambia el
color de fondo de cada elemento de la lista */
    padding: 10px; /* Añade espacio
alrededor de cada elemento de la lista */
    margin-bottom: 10px; /* Añade espacio
entre los elementos de la lista */
    border-radius: 5px; /* Agrega bordes
redondeados a los elementos de la lista */
```

```
        box-shadow: 0 2px 4px rgba(0, 0, 0,
0.1); /* Agrega una sombra suave a los elementos de
la lista */
        }

    .lista-tareas li:hover {
        background-color: #f9f9f9; /* Cambia el
color de fondo al pasar el cursor sobre cada
elemento de la lista */
        }
    </style>
</head>
<body>
    <h1>Lista de Tareas Pendientes</h1>

    <ul class="lista-tareas">
        <li>Terminar el informe</li>
        <li>Ir al supermercado</li>
        <li>Llamar a Juan</li>
        <li>Revisar el correo electrónico</li>
    </ul>
</body>
</html>
```

En este código, se ha eliminado la referencia al archivo CSS externo y se ha incluido directamente el código CSS dentro de la etiqueta `<style>` en el encabezado del documento HTML. Esto permite que el CSS se aplique correctamente sin necesidad de cargar un archivo externo.

Ejercicio 114. Diseñar un formulario de contacto:

Crea un formulario HTML con campos para nombre, correo electrónico y mensaje. Utiliza CSS para estilizar los campos de entrada y darles un diseño agradable.

Solución:

HTML (index.html):

```
<!DOCTYPE html>
<html lang="es">
<head>
    <meta charset="UTF-8">
    <meta name="viewport"
content="width=device-width, initial-scale=1.0">
    <title>Formulario de Contacto</title>
    <link rel="stylesheet" href="styles.css">
</head>
<body>
    <h1>Formulario de Contacto</h1>

    <form action="#" method="POST"
class="formulario-contacto">
        <div class="campo">
            <label for="nombre">Nombre:</label>
```

107

```html
        <input type="text" id="nombre"
name="nombre" required>
        </div>
        <div class="campo">
            <label for="email">Correo
Electrónico:</label>
            <input type="email" id="email"
name="email" required>
        </div>
        <div class="campo">
            <label
for="mensaje">Mensaje:</label>
            <textarea id="mensaje"
name="mensaje" rows="4" required></textarea>
        </div>
        <button type="submit">Enviar
Mensaje</button>
    </form>
</body>
</html>
```

CSS (styles.css):

```css
body {
    font-family: Arial, sans-serif; /* Utiliza la
fuente Arial como predeterminada */
    background-color: #f4f4f4; /* Cambia el color
de fondo del cuerpo de la página */
    padding: 20px; /* Añade espacio alrededor del
contenido */
}
```

```css
h1 {
    text-align: center; /* Centra el título */
    color: #333; /* Cambia el color del texto del
título */
}

.formulario-contacto {
    max-width: 400px; /* Establece el ancho máximo
del formulario */
    margin: 0 auto; /* Centra el formulario
horizontalmente en la página */
    background-color: #fff; /* Cambia el color de
fondo del formulario */
    padding: 20px; /* Añade espacio alrededor del
formulario */
    border-radius: 5px; /* Agrega bordes
redondeados al formulario */
    box-shadow: 0 2px 4px rgba(0, 0, 0, 0.1); /*
Agrega una sombra suave al formulario */
}

.campo {
    margin-bottom: 20px; /* Añade espacio entre los
campos */
}

label {
    display: block; /* Muestra las etiquetas en una
línea separada */
    margin-bottom: 5px; /* Añade espacio debajo de
las etiquetas */
    color: #333; /* Cambia el color del texto de
las etiquetas */
```

```css
}

input[type="text"],
input[type="email"],
textarea {
    width: 100%; /* Establece el ancho de los
campos de entrada y el área de texto al 100% */
    padding: 10px; /* Añade espacio alrededor de
los campos de entrada y el área de texto */
    border: 1px solid #ccc; /* Agrega un borde
alrededor de los campos de entrada y el área de
texto */
    border-radius: 5px; /* Agrega bordes
redondeados a los campos de entrada y el área de
texto */
}

button {
    width: 100%; /* Establece el ancho del botón al
100% */
    padding: 10px; /* Añade espacio alrededor del
botón */
    background-color: #333; /* Cambia el color de
fondo del botón */
    color: #fff; /* Cambia el color del texto del
botón a blanco */
    border: none; /* Elimina el borde del botón */
    border-radius: 5px; /* Agrega bordes
redondeados al botón */
    cursor: pointer; /* Cambia el cursor al pasar
sobre el botón */
}

button:hover {
```

```
    background-color: #555; /* Cambia el color de
fondo del botón al pasar el cursor sobre él */
}
```

En este ejemplo:

- Se utiliza un formulario HTML con campos para nombre, correo electrónico y mensaje.
- Se aplica CSS para dar estilo al formulario y a los campos de entrada, con bordes redondeados, fondos y colores de texto personalizados.
- Se utiliza `max-width` y `margin: 0 auto` para centrar el formulario horizontalmente en la página.
- Se utiliza una combinación de selectores de tipo (`input[type="text"]`, `input[type="email"]`, `textarea`) y clases (`campo`) para aplicar estilos específicos a diferentes elementos del formulario.

Este código crea un formulario de contacto con un diseño agradable y funcional. Puedes personalizar los estilos según tus preferencias para que se adapten mejor al diseño de tu página.

Código HTML y CSS combinado para el formulario de contacto:

```
<!DOCTYPE html>
<html lang="es">
<head>
    <meta charset="UTF-8">
```

```html
    <meta name="viewport"
content="width=device-width, initial-scale=1.0">
    <title>Formulario de Contacto</title>
    <style>
        body {
            font-family: Arial, sans-serif; /*
Utiliza la fuente Arial como predeterminada */
            background-color: #f4f4f4; /* Cambia el
color de fondo del cuerpo de la página */
            padding: 20px; /* Añade espacio
alrededor del contenido */
        }

        h1 {
            text-align: center; /* Centra el título
*/
            color: #333; /* Cambia el color del
texto del título */
        }

        .formulario-contacto {
            max-width: 400px; /* Establece el ancho
máximo del formulario */
            margin: 0 auto; /* Centra el formulario
horizontalmente en la página */
            background-color: #fff; /* Cambia el
color de fondo del formulario */
            padding: 20px; /* Añade espacio
alrededor del formulario */
            border-radius: 5px; /* Agrega bordes
redondeados al formulario */
            box-shadow: 0 2px 4px rgba(0, 0, 0,
0.1); /* Agrega una sombra suave al formulario */
        }
```

```css
.campo {
    margin-bottom: 20px; /* Añade espacio
entre los campos */
}

label {
    display: block; /* Muestra las
etiquetas en una línea separada */
    margin-bottom: 5px; /* Añade espacio
debajo de las etiquetas */
    color: #333; /* Cambia el color del
texto de las etiquetas */
}

input[type="text"],
input[type="email"],
textarea {
    width: 100%; /* Establece el ancho de
los campos de entrada y el área de texto al 100% */
    padding: 10px; /* Añade espacio
alrededor de los campos de entrada y el área de
texto */
    border: 1px solid #ccc; /* Agrega un
borde alrededor de los campos de entrada y el área
de texto */
    border-radius: 5px; /* Agrega bordes
redondeados a los campos de entrada y el área de
texto */
}

button {
    width: 100%; /* Establece el ancho del
botón al 100% */
```

```
            padding: 10px; /* Añade espacio
alrededor del botón */
            background-color: #333; /* Cambia el
color de fondo del botón */
            color: #fff; /* Cambia el color del
texto del botón a blanco */
            border: none; /* Elimina el borde del
botón */
            border-radius: 5px; /* Agrega bordes
redondeados al botón */
            cursor: pointer; /* Cambia el cursor al
pasar sobre el botón */
        }
```

Este código combina el HTML y el CSS para crear un formulario de contacto con estilo. Los estilos están integrados en el documento HTML dentro de la etiqueta <style>, lo que facilita la comprensión y el mantenimiento del código.

Ejercicio 115. Crear una galería de imágenes.

Crea una galería de imágenes utilizando etiquetas <img> dentro de un contenedor <div>. Utiliza CSS para organizar las imágenes en filas y columnas y aplicar efectos de hover.

Solución:

HTML (index.html):

114

```
<!DOCTYPE html>
<html lang="es">
<head>
    <meta charset="UTF-8">
    <meta name="viewport"
content="width=device-width, initial-scale=1.0">
    <title>Galería de Imágenes</title>
    <link rel="stylesheet" href="styles.css">
</head>
<body>
    <h1>Galería de Imágenes</h1>

    <div class="galeria">
        <div class="imagen">
            <img src="imagen1.jpg" alt="Imagen 1">
            <div class="overlay">
                <div class="texto">Descripción de
la imagen 1</div>
            </div>
        </div>
        <div class="imagen">
            <img src="imagen2.jpg" alt="Imagen 2">
            <div class="overlay">
                <div class="texto">Descripción de
la imagen 2</div>
            </div>
        </div>
        <!-- Agrega más imágenes aquí -->
    </div>
</body>
</html>
```

CSS (styles.css):

```css
body {
    font-family: Arial, sans-serif; /* Utiliza la
fuente Arial como predeterminada */
    background-color: #f4f4f4; /* Cambia el color
de fondo del cuerpo de la página */
    padding: 20px; /* Añade espacio alrededor del
contenido */
}

h1 {
    text-align: center; /* Centra el título */
    color: #333; /* Cambia el color del texto del
título */
}

.galeria {
    display: flex; /* Utiliza el modelo de caja
flexible para organizar las imágenes */
    flex-wrap: wrap; /* Permite que las imágenes se
envuelvan en varias filas */
    justify-content: center; /* Centra las imágenes
horizontalmente */
}

.imagen {
    position: relative; /* Establece la posición
relativa para alinear el texto sobre la imagen */
    margin: 10px; /* Añade espacio entre las
imágenes */
}

.imagen img {
    display: block; /* Elimina el espacio adicional
debajo de la imagen */
```

```css
    width: 300px; /* Establece el ancho de las
imágenes */
    height: auto; /* Mantiene la relación de
aspecto de las imágenes */
    border-radius: 5px; /* Agrega bordes
redondeados a las imágenes */
    transition: transform 0.3s ease; /* Agrega una
transición suave al hacer hover sobre la imagen */
}

.imagen:hover img {
    transform: scale(1.1); /* Escala la imagen al
hacer hover */
}

.overlay {
    position: absolute; /* Establece la posición
absoluta para superponer el texto sobre la imagen
*/
    top: 0;
    left: 0;
    width: 100%;
    height: 100%;
    background-color: rgba(0, 0, 0, 0.5); /* Agrega
un fondo oscuro semi-transparente */
    opacity: 0; /* Oculta el overlay por defecto */
    transition: opacity 0.3s ease; /* Agrega una
transición suave al mostrar el overlay */
}

.imagen:hover .overlay {
    opacity: 1; /* Muestra el overlay al hacer
hover */
}
```

```
.texto {
    color: #fff; /* Cambia el color del texto a
blanco */
    font-size: 18px; /* Establece el tamaño de
fuente del texto */
    position: absolute; /* Establece la posición
absoluta para centrar el texto */
    top: 50%;
    left: 50%;
    transform: translate(-50%, -50%); /* Centra el
texto horizontal y verticalmente */
    text-align: center; /* Centra el texto
horizontalmente */
}
```

En este ejemplo:

- Se utiliza un contenedor <div> con la clase .galeria para organizar las imágenes en filas y columnas utilizando el modelo de caja flexible (display: flex).
- Cada imagen se envuelve en un contenedor <div> con la clase .imagen, que tiene una posición relativa para permitir superponer el texto descriptivo sobre la imagen.
- Se utiliza CSS para aplicar efectos de hover a las imágenes, como escalarlas (transform: scale(1.1)) y mostrar un overlay semitransparente con texto descriptivo al hacer hover sobre ellas.
- Se ha incluido un efecto de transición suave para mejorar la experiencia del usuario al interactuar con las imágenes.

Puedes agregar más imágenes a la galería replicando la estructura de la imagen y el overlay dentro del contenedor .galeria. Asegúrate de actualizar los nombres de archivo y las descripciones según sea necesario.

Código HTML y CSS combinado para la galería de imágenes:

```
<!DOCTYPE html>
<html lang="es">
<head>
    <meta charset="UTF-8">
    <meta name="viewport"
content="width=device-width, initial-scale=1.0">
    <title>Galería de Imágenes</title>
    <style>
        body {
            font-family: Arial, sans-serif; /*
Utiliza la fuente Arial como predeterminada */
            background-color: #f4f4f4; /* Cambia el
color de fondo del cuerpo de la página */
            padding: 20px; /* Añade espacio
alrededor del contenido */
        }

        h1 {
            text-align: center; /* Centra el título
*/
```

```css
        color: #333; /* Cambia el color del
texto del título */
        }

    .galeria {
        display: flex; /* Utiliza el modelo de
caja flexible para organizar las imágenes */
        flex-wrap: wrap; /* Permite que las
imágenes se envuelvan en varias filas */
        justify-content: center; /* Centra las
imágenes horizontalmente */
        }

    .imagen {
        position: relative; /* Establece la
posición relativa para alinear el texto sobre la
imagen */
        margin: 10px; /* Añade espacio entre
las imágenes */
        }

    .imagen img {
        display: block; /* Elimina el espacio
adicional debajo de la imagen */
        width: 300px; /* Establece el ancho de
las imágenes */
        height: auto; /* Mantiene la relación
de aspecto de las imágenes */
        border-radius: 5px; /* Agrega bordes
redondeados a las imágenes */
        transition: transform 0.3s ease; /*
Agrega una transición suave al hacer hover sobre la
imagen */
        }
```

```css
.imagen:hover img {
    transform: scale(1.1); /* Escala la
imagen al hacer hover */
    }

.overlay {
    position: absolute; /* Establece la
posición absoluta para superponer el texto sobre la
imagen */
    top: 0;
    left: 0;
    width: 100%;
    height: 100%;
    background-color: rgba(0, 0, 0, 0.5);
/* Agrega un fondo oscuro semi-transparente */
    opacity: 0; /* Oculta el overlay por
defecto */
    transition: opacity 0.3s ease; /*
Agrega una transición suave al mostrar el overlay
*/
    }

.imagen:hover .overlay {
    opacity: 1; /* Muestra el overlay al
hacer hover */
    }

.texto {
    color: #fff; /* Cambia el color del
texto a blanco */
    font-size: 18px; /* Establece el tamaño
de fuente del texto */
```

```
          position: absolute; /* Establece la
posición absoluta para centrar el texto */
          top: 50%;
          left: 50%;
          transform: translate(-50%, -50%); /*
Centra el texto horizontal y verticalmente */
          text-align: center; /* Centra el texto
horizontalmente */
        }
    </style>
</head>
<body>
    <h1>Galería de Imágenes</h1>

    <div class="galeria">
        <div class="imagen">
            <img src="imagen1.jpg" alt="Imagen 1">
            <div class="overlay">
                <div class="texto">Descripción de
la imagen 1</div>
            </div>
        </div>
        <div class="imagen">
            <img src="imagen2.jpg" alt="Imagen 2">
            <div class="overlay">
                <div class="texto">Descripción de
la imagen 2</div>
            </div>
        </div>
        <!-- Agrega más imágenes aquí -->
    </div>
</body>
</html>
```

Este código combina el HTML y el CSS para crear una galería de imágenes con efectos de hover. Las imágenes se organizan en filas y columnas utilizando Flexbox, y se aplican efectos de escala y superposición al hacer hover sobre ellas. Puedes agregar más imágenes replicando la estructura dentro del contenedor `.galeria` y actualizando los nombres de archivo y las descripciones según sea necesario.

Ejercicio 116. Diseñar una barra de navegación:

Crea una barra de navegación horizontal utilizando una lista <ul> y elementos <li>. Utiliza CSS para estilizar la barra de navegación y aplicar efectos de hover a los enlaces.

Código HTML y CSS combinado para diseñar una barra de navegación horizontal:

```
<!DOCTYPE html>
<html lang="es">
<head>
    <meta charset="UTF-8">
    <meta name="viewport"
content="width=device-width, initial-scale=1.0">
    <title>Barra de Navegación</title>
    <style>
        body {
```

```css
        font-family: Arial, sans-serif; /*
Utiliza la fuente Arial como predeterminada */
        margin: 0; /* Elimina el margen
predeterminado del cuerpo */
        padding: 0; /* Elimina el relleno
predeterminado del cuerpo */
    }

    .navbar {
        background-color: #333; /* Cambia el
color de fondo de la barra de navegación */
        overflow: hidden; /* Evita que el
contenido de la barra de navegación se desborde */
    }

    .navbar ul {
        list-style-type: none; /* Elimina los
puntos de la lista */
        margin: 0; /* Elimina el margen
predeterminado de la lista */
        padding: 0; /* Elimina el relleno
predeterminado de la lista */
        display: flex; /* Utiliza el modelo de
caja flexible para alinear los elementos
horizontalmente */
    }

    .navbar li {
        float: left; /* Coloca los elementos de
la lista en una fila horizontal */
    }

    .navbar li a {
```

```css
            display: block; /* Convierte los
elementos de lista en bloques para facilitar la
interacción */
            color: white; /* Cambia el color del
texto de los enlaces */
            text-align: center; /* Centra el texto
horizontalmente */
            padding: 14px 16px; /* Añade relleno
alrededor del texto */
            text-decoration: none; /* Elimina el
subrayado predeterminado de los enlaces */
        }

        .navbar li a:hover {
            background-color: #555; /* Cambia el
color de fondo al pasar el cursor sobre los enlaces
*/
        }
    </style>
</head>
<body>

<div class="navbar">
  <ul>
    <li><a href="#inicio">Inicio</a></li>
    <li><a href="#nosotros">Nosotros</a></li>
    <li><a href="#servicios">Servicios</a></li>
    <li><a href="#contacto">Contacto</a></li>
  </ul>
</div>

</body>
</html>
```

Este código crea una barra de navegación horizontal simple con efectos de hover. Los elementos de la barra de navegación están representados como una lista desordenada `<ul>` con elementos de lista `<li>`. Se utiliza CSS para estilizar la barra de navegación, estableciendo el color de fondo, alineando los elementos horizontalmente y aplicando efectos de hover a los enlaces.

Ejercicio 117. Estilizar botones y enlaces:

Crea botones y enlaces HTML simples y utiliza CSS para estilizarlos con colores, bordes y efectos de transición al pasar el cursor sobre ellos.

Solución:

```
<!DOCTYPE html>
<html lang="es">
<head>
    <meta charset="UTF-8">
    <meta name="viewport"
content="width=device-width, initial-scale=1.0">
    <title>Estilizar Botones y Enlaces</title>
    <style>
        body {
            font-family: Arial, sans-serif; /*
Utiliza la fuente Arial como predeterminada */
            padding: 20px; /* Añade espacio
alrededor del contenido */
```

```css
            text-align: center; /* Centra el
contenido horizontalmente */
        }

        /* Estilos para los botones */
        .boton {
            display: inline-block; /* Convierte los
botones en elementos de bloque en línea */
            padding: 10px 20px; /* Añade relleno
alrededor del texto */
            margin: 10px; /* Añade espacio entre
los botones */
            font-size: 16px; /* Establece el tamaño
de fuente */
            border: none; /* Elimina el borde
predeterminado */
            border-radius: 5px; /* Agrega bordes
redondeados */
            cursor: pointer; /* Cambia el cursor al
pasar sobre los botones */
            transition: background-color 0.3s ease;
/* Agrega un efecto de transición suave */
        }

        .boton-primary {
            background-color: #007bff; /* Cambia el
color de fondo del botón primario */
            color: #fff; /* Cambia el color del
texto */
        }

        .boton-secondary {
            background-color: #6c757d; /* Cambia el
color de fondo del botón secundario */
```

```css
        color: #fff; /* Cambia el color del
texto */
        }

        /* Estilos para los enlaces */
        a {
            display: inline-block; /* Convierte los
enlaces en elementos de bloque en línea */
            padding: 10px 20px; /* Añade relleno
alrededor del texto */
            margin: 10px; /* Añade espacio entre
los enlaces */
            font-size: 16px; /* Establece el tamaño
de fuente */
            text-decoration: none; /* Elimina el
subrayado predeterminado */
            color: #333; /* Cambia el color del
texto */
            border: 1px solid #333; /* Agrega un
borde sólido */
            border-radius: 5px; /* Agrega bordes
redondeados */
            transition: background-color 0.3s ease,
color 0.3s ease; /* Agrega efectos de transición
suaves */
        }

        a:hover {
            background-color: #333; /* Cambia el
color de fondo al pasar el cursor sobre los enlaces
*/
            color: #fff; /* Cambia el color del
texto al pasar el cursor sobre los enlaces */
        }
```

```
    </style>
</head>
<body>

    <h2>Botones</h2>
    <button class="boton boton-primary">Botón
Primario</button>
    <button class="boton boton-secondary">Botón
Secundario</button>

    <h2>Enlaces</h2>
    <a href="#" class="enlace">Enlace Normal</a>
    <a href="#" class="enlace">Enlace
Secundario</a>

</body>
</html>
```

Este código crea botones y enlaces simples y utiliza CSS para
estilizarlos con colores, bordes y efectos de transición al pasar el
cursor sobre ellos. Los botones están representados como
elementos `<button>` y los enlaces como elementos `<a>`. Se aplican
estilos específicos a través de clases CSS para los diferentes tipos
de botones y enlaces. Los efectos de transición suave se aplican
utilizando la propiedad `transition` en CSS.

Ejercicio 118. Crear una tabla de datos:

Crea una tabla HTML básica con filas y columnas de datos.

Utiliza CSS para darle estilo a la tabla, como cambiar los colores de fondo de las celdas y agregar bordes.

Código HTML y CSS combinado para crear una tabla de datos básica con estilo:

Solución:

```
<!DOCTYPE html>
<html lang="es">
<head>
    <meta charset="UTF-8">
    <meta name="viewport"
content="width=device-width, initial-scale=1.0">
    <title>Tabla de Datos</title>
    <style>
        body {
            font-family: Arial, sans-serif; /*
Utiliza la fuente Arial como predeterminada */
            padding: 20px; /* Añade espacio
alrededor del contenido */
        }
```

```css
table {
    width: 100%; /* Establece el ancho de
la tabla al 100% del contenedor */
    border-collapse: collapse; /* Combina
los bordes de las celdas */
    margin-bottom: 20px; /* Añade espacio
debajo de la tabla */
}

th, td {
    padding: 8px; /* Añade relleno a las
celdas */
    text-align: left; /* Alinea el texto a
la izquierda */
    border-bottom: 1px solid #ddd; /*
Agrega un borde inferior a las celdas */
}

th {
    background-color: #f2f2f2; /* Cambia el
color de fondo de las celdas de encabezado */
}

tr:hover {
    background-color: #f5f5f5; /* Cambia el
color de fondo al pasar el cursor sobre las filas
*/
}

/* Estilos para las celdas de datos
alternas */
tr:nth-child(even) {
```

```
                background-color: #f2f2f2; /* Cambia el
color de fondo de las filas pares */
            }
    </style>
</head>
<body>

    <h2>Tabla de Datos</h2>

    <table>
        <thead>
            <tr>
                <th>Nombre</th>
                <th>Edad</th>
                <th>País</th>
            </tr>
        </thead>
        <tbody>
            <tr>
                <td>John Doe</td>
                <td>30</td>
                <td>EE. UU.</td>
            </tr>
            <tr>
                <td>Jane Smith</td>
                <td>25</td>
                <td>Canadá</td>
            </tr>
            <tr>
                <td>Mario Rossi</td>
                <td>35</td>
                <td>Italia</td>
            </tr>
        </tbody>
```

```
        </table>

    </body>
    </html>
```

Este código crea una tabla HTML básica con datos de ejemplo y utiliza CSS para darle estilo. Se aplican estilos para cambiar los colores de fondo de las celdas, agregar bordes y proporcionar una apariencia más agradable. Las filas alternas tienen un color de fondo diferente para mejorar la legibilidad de la tabla.

Ejercicio 119. Diseñar un pie de página:

Crea un pie de página para tu página web con información de contacto y enlaces adicionales. Utiliza CSS para estilizar el pie de página y colocarlo al final de la página.

Solución:

```
<!DOCTYPE html>
<html lang="es">
<head>
    <meta charset="UTF-8">
    <meta name="viewport"
content="width=device-width, initial-scale=1.0">
    <title>Pie de Página</title>
    <style>
        body {
```

```css
        margin: 0;
        padding: 0;
        font-family: Arial, sans-serif; /*
Utiliza la fuente Arial como predeterminada */
    }

    .footer {
        background-color: #333; /* Cambia el
color de fondo del pie de página */
        color: #fff; /* Cambia el color del
texto */
        padding: 20px; /* Añade espacio
alrededor del contenido del pie de página */
        position: absolute; /* Fija el pie de
página en la parte inferior de la ventana del
navegador */
        width: 100%; /* Establece el ancho al
100% */
        bottom: 0; /* Coloca el pie de página
al final de la página */
        text-align: center; /* Centra el
contenido horizontalmente */
    }

    .footer a {
        color: #fff; /* Cambia el color de los
enlaces */
        text-decoration: none; /* Elimina el
subrayado predeterminado de los enlaces */
        padding: 0 10px; /* Añade espacio
alrededor de los enlaces */
    }

    .footer a:hover {
```

```
          text-decoration: underline; /* Subraya
los enlaces al pasar el cursor sobre ellos */
        }
    </style>
</head>
<body>

    <div class="content">
        <h1>Contenido de la Página</h1>
        <p>Lorem ipsum dolor sit amet, consectetur
adipiscing elit. Duis dapibus libero ut tellus
consequat, sed interdum felis ultrices. Donec
rhoncus tortor ut tellus placerat, vel ullamcorper
tortor consequat.</p>
    </div>

    <div class="footer">
        <p>Información de Contacto:
example@example.com | Teléfono: +123456789</p>
        <p><a href="#">Política de Privacidad</a> |
<a href="#">Términos de Servicio</a></p>
    </div>

</body>
</html>
```

Este código crea un pie de página con información de contacto y enlaces adicionales, y utiliza CSS para estilizarlo y colocarlo al final de la página. El pie de página se fija en la parte inferior de la ventana del navegador, independientemente del contenido de la página. Los enlaces del pie de página tienen un color diferente y subrayado al pasar el cursor sobre ellos para indicar que son enlaces clicables.

Ejercicio 120. Estilizar texto y párrafos:

Utiliza CSS para cambiar el tamaño, color y estilo de fuente del texto en tu página HTML. Experimenta con diferentes fuentes y estilos para mejorar la legibilidad y el aspecto visual del texto.

Solución:

```
<!DOCTYPE html>
<html lang="es">
<head>
    <meta charset="UTF-8">
    <meta name="viewport"
content="width=device-width, initial-scale=1.0">
    <title>Estilizar Texto y Párrafos</title>
    <style>
        body {
            font-family: Arial, sans-serif; /*
Utiliza la fuente Arial como predeterminada */
            color: #333; /* Cambia el color del
texto */
            background-color: #f4f4f4; /* Cambia el
color de fondo del cuerpo de la página */
            padding: 20px; /* Añade espacio
alrededor del contenido */
        }

        h1 {
```

```css
        color: #007bff; /* Cambia el color del
texto del encabezado h1 */
        font-size: 36px; /* Cambia el tamaño de
fuente del encabezado h1 */
        font-weight: bold; /* Establece el peso
de la fuente en negrita */
        text-align: center; /* Centra el texto
horizontalmente */
    }

    p {
        font-size: 18px; /* Cambia el tamaño de
fuente de los párrafos */
        line-height: 1.6; /* Establece la
altura de línea para mejorar la legibilidad */
        margin-bottom: 20px; /* Añade espacio
debajo de cada párrafo */
    }

    .destacado {
        color: #e83e8c; /* Cambia el color del
texto para la clase .destacado */
        font-style: italic; /* Establece el
estilo de la fuente en cursiva */
    }

    .enfasis {
        font-weight: bold; /* Establece el peso
de la fuente en negrita para la clase .enfasis */
    }

    .cita {
```

```
          font-style: italic; /* Establece el
estilo de la fuente en cursiva para la clase .cita
*/
       }
    </style>
</head>
<body>

    <h1>Estilizar Texto y Párrafos</h1>

    <p>Este es un párrafo de texto normal. Puedes
<span class="destacado">destacar</span> ciertas
palabras o frases utilizando clases CSS
adicionales.</p>

    <p class="enfasis">Este párrafo tiene un
énfasis adicional mediante el uso de una clase CSS
específica.</p>

    <p class="cita">"El diseño es la primera
impresión que tienes de algo." - Paula Scher</p>

</body>
</html>
```

En este ejemplo:

- Se utiliza CSS para cambiar el tamaño, color y estilo de fuente del texto en la página. Por ejemplo, el encabezado `<h1>` tiene un color azul (`#007bff`), tamaño de fuente grande (`36px`), y se centra horizontalmente.

138

- Se aplican estilos a los párrafos `<p>`, cambiando el tamaño de fuente, la altura de línea y agregando un margen inferior para mejorar la legibilidad y la apariencia visual.
- Se utilizan clases CSS adicionales, como `.destacado`, `.enfasis` y `.cita`, para aplicar estilos específicos a ciertas partes del texto. Esto permite crear variedad en el estilo del texto y enfatizar ciertas palabras o frases.

Ejercicio 121. Crear un diseño de página simple:

Combina todos los elementos anteriores para crear una página web completa con un diseño básico pero atractivo. Utiliza HTML para estructurar el contenido y CSS para darle estilo y diseño a la página en su conjunto.

Solución:

```
<!DOCTYPE html>
<html lang="es">
<head>
    <meta charset="UTF-8">
    <meta name="viewport"
content="width=device-width, initial-scale=1.0">
    <title>Mi Página Web</title>
    <style>
```

```css
body {
    font-family: Arial, sans-serif; /*
Utiliza la fuente Arial como predeterminada */
    color: #333; /* Cambia el color del
texto */
    background-color: #f4f4f4; /* Cambia el
color de fondo del cuerpo de la página */
    padding: 20px; /* Añade espacio
alrededor del contenido */
}

h1 {
    color: #007bff; /* Cambia el color del
texto del encabezado h1 */
    font-size: 36px; /* Cambia el tamaño de
fuente del encabezado h1 */
    font-weight: bold; /* Establece el peso
de la fuente en negrita */
    text-align: center; /* Centra el texto
horizontalmente */
}

p {
    font-size: 18px; /* Cambia el tamaño de
fuente de los párrafos */
    line-height: 1.6; /* Establece la
altura de línea para mejorar la legibilidad */
    margin-bottom: 20px; /* Añade espacio
debajo de cada párrafo */
}

.footer {
    background-color: #333; /* Cambia el
color de fondo del pie de página */
```

```
            color: #fff; /* Cambia el color del
texto */
            padding: 20px; /* Añade espacio
alrededor del contenido del pie de página */
            position: absolute; /* Fija el pie de
página en la parte inferior de la ventana del
navegador */
            width: 100%; /* Establece el ancho al
100% */
            bottom: 0; /* Coloca el pie de página
al final de la página */
            text-align: center; /* Centra el
contenido horizontalmente */
        }

        .footer a {
            color: #fff; /* Cambia el color de los
enlaces */
            text-decoration: none; /* Elimina el
subrayado predeterminado de los enlaces */
            padding: 0 10px; /* Añade espacio
alrededor de los enlaces */
        }

        .footer a:hover {
            text-decoration: underline; /* Subraya
los enlaces al pasar el cursor sobre ellos */
        }
    </style>
</head>
<body>

    <h1>Mi Página Web</h1>
```

```html
<p>Bienvenido a mi página web. Aquí encontrarás
información interesante sobre varios temas.</p>

<h2>Contenido de la Página</h2>

<p>Este es un párrafo de texto normal. Puedes
<span style="color: #e83e8c; font-style:
italic;">destacar</span> ciertas palabras o frases
utilizando estilos en línea.</p>

<p>Este párrafo tiene un énfasis adicional
mediante el uso de un estilo en línea
específico.</p>

<p>"El diseño es la primera impresión que
tienes de algo." - Paula Scher</p>

<div class="footer">
    <p>Información de Contacto:
example@example.com | Teléfono: +123456789</p>
    <p><a href="#">Política de Privacidad</a> |
<a href="#">Términos de Servicio</a></p>
    </div>

</body>
</html>
```

En este ejemplo:

- Se utiliza HTML para estructurar el contenido de la página,
  incluyendo encabezados, párrafos y un pie de página.
- Se utiliza CSS para dar estilo y diseño a la página en su
  conjunto, incluyendo colores, fuentes y espaciado.

Este diseño simple pero atractivo combina todos los elementos
anteriores para crear una página web completa. Puedes personalizar
y ampliar este diseño según tus necesidades y preferencias.

Ejercicio 122. Crea una página web (Diseño 1).

 Combina todos los elementos anteriores para crear una página web
completa con un diseño básico pero atractivo. Utiliza HTML para
estructurar el contenido y CSS para darle estilo y diseño a la página
en su conjunto.

Solución:

```
<!DOCTYPE html>
<html lang="es">
<head>
    <meta charset="UTF-8">
    <meta name="viewport"
content="width=device-width, initial-scale=1.0">
    <title>Página Web Básica</title>
    <style>
        body {
            font-family: Arial, sans-serif;
            margin: 0;
            padding: 0;
            background-color: #f8f8f8;
            color: #333;
        }
```

```css
header {
    background-color: #3498db;
    color: #fff;
    padding: 20px;
    text-align: center;
}

nav ul {
    list-style-type: none;
    padding: 0;
}

nav ul li {
    display: inline;
    margin-right: 10px;
}

main {
    padding: 20px;
}

section {
    margin-bottom: 20px;
}

footer {
    text-align: center;
    padding: 10px;
    background-color: #333;
    color: #fff;
}
    </style>
</head>
<body>
```

```html
<header>
    <h1>Mi Página Web</h1>
    <nav>
        <ul>
            <li><a
href="#inicio">Inicio</a></li>
            <li><a
href="#nosotros">Nosotros</a></li>
            <li><a
href="#contacto">Contacto</a></li>
        </ul>
    </nav>
</header>

<main>
    <section id="inicio">
        <h2>Bienvenido a mi página web</h2>
        <p>Esta es una página de ejemplo creada
con HTML y CSS.</p>
        <img src="imagen.jpg" alt="Imagen de
ejemplo">
    </section>

    <section id="nosotros">
        <h2>Sobre Nosotros</h2>
        <p>Somos un equipo dedicado a la
creación de sitios web.</p>
    </section>
</main>

<footer>
    <p>&copy; 2024 Mi Página Web</p>
</footer>
```

```
</body>
</html>
```

Asegúrate de guardar una imagen con el nombre `imagen.jpg` en la misma carpeta que tu archivo HTML para que funcione correctamente el ejercicio.

Este archivo combina HTML y CSS para crear una página web básica con un encabezado, secciones de contenido y un pie de página. El CSS proporciona estilos para la estructura y el diseño de la página, mientras que el HTML define la estructura y el contenido de la página.

En este ejemplo, el CSS se incluye dentro de un bloque `<style>` dentro del `<head>` del documento HTML. Esto permite que el HTML y el CSS estén contenidos en un solo archivo, lo cual puede ser conveniente para proyectos pequeños o ejercicios de aprendizaje. Sin embargo, para proyectos más grandes y organizados, es recomendable mantener el CSS en un archivo separado para facilitar la gestión y el mantenimiento del código.

Ejercicio 123. Crea una página web (Diseño 2).

Combina todos los elementos anteriores para crear una página web completa con un diseño básico pero atractivo. Utiliza HTML para estructurar el contenido y CSS para darle estilo y diseño a la página en su conjunto.

Solución:

```html
<!DOCTYPE html>
<html lang="es">
<head>
    <meta charset="UTF-8">
    <meta name="viewport"
content="width=device-width, initial-scale=1.0">
    <title>Página Web Básica</title>
    <style>
        body {
            font-family: Arial, sans-serif;
            background-color: #f8f8f8;
            color: #333;
            margin: 0;
            padding: 0;
        }

        header {
            background-color: #3498db;
            color: #fff;
            padding: 20px;
            text-align: center;
        }

        nav ul {
            list-style-type: none;
            padding: 0;
        }

        nav ul li {
```

```
        display: inline;
        margin-right: 10px;
    }

main {
        padding: 20px;
        text-align: center;
    }

section {
        margin-bottom: 20px;
    }

footer {
        text-align: center;
        padding: 10px;
        background-color: #333;
        color: #fff;
    }

.caja {
        width: 200px;
        height: 200px;
        background-color: #e74c3c;
        color: #fff;
        text-align: center;
        line-height: 200px;
        border-radius: 10px;
        margin: 0 auto;
        transition: background-color 0.3s ease;
    }

.caja:hover {
        background-color: #c0392b;
```

```
            cursor: pointer;
        }
    </style>
</head>
<body>

    <header>
        <h1>Mi Página Web</h1>
        <nav>
            <ul>
                <li><a
href="#inicio">Inicio</a></li>
                <li><a
href="#nosotros">Nosotros</a></li>
                <li><a
href="#contacto">Contacto</a></li>
            </ul>
        </nav>
    </header>

    <main>
        <section id="inicio">
            <h2>Bienvenido a mi página web</h2>
            <p>Esta es una página de ejemplo creada
con HTML y CSS.</p>
            <div class="caja">Pasa el cursor
aquí</div>
        </section>

        <section id="nosotros">
            <h2>Sobre Nosotros</h2>
            <p>Somos un equipo dedicado a la
creación de sitios web.</p>
        </section>
```

```
    </main>

    <footer>
        <p>&copy; 2024 Mi Página Web</p>
    </footer>

</body>
</html>
```

En este ejercicio, hemos creado una página web básica que incluye:

- Un encabezado `<header>` con un título y un menú de navegación `<nav>` que contiene una lista desordenada `<ul>` de enlaces `<a>`.
- Un contenido principal `<main>` con dos secciones `<section>` que contienen títulos `<h2>` y párrafos `<p>` con texto de ejemplo.
- Un elemento `<div>` con la clase `.caja` que cambia de color al pasar el cursor sobre él, utilizando estilos CSS y una transición de color.

Todo el estilo CSS está contenido dentro de la etiqueta `<style>` en el `<head>` del documento HTML. Esta técnica puede ser útil para ejercicios de aprendizaje o prototipos rápidos, pero para proyectos más grandes, es recomendable mantener el CSS en archivos separados para una mejor organización y mantenimiento del código.

Ejercicio 124. Crea una página web (Diseño 3).

Combina todos los elementos anteriores para crear una página web completa con un diseño básico pero atractivo. Utiliza HTML para estructurar el contenido y CSS para darle estilo y diseño a la página en su conjunto.

Solución:

```
<!DOCTYPE html>
<html lang="es">
<head>
    <meta charset="UTF-8">
    <meta name="viewport"
content="width=device-width, initial-scale=1.0">
    <title>Página Web Básica</title>
    <style>
        body {
            font-family: Arial, sans-serif;
            background-color: #f8f8f8;
            color: #333;
            margin: 0;
            padding: 0;
        }

        header {
            background-color: #3498db;
            color: #fff;
            padding: 20px;
```

```css
    text-align: center;
}

nav ul {
    list-style-type: none;
    padding: 0;
}

nav ul li {
    display: inline;
    margin-right: 10px;
}

main {
    padding: 20px;
    text-align: center;
}

section {
    margin-bottom: 20px;
}

footer {
    text-align: center;
    padding: 10px;
    background-color: #333;
    color: #fff;
}

.boton {
    display: inline-block;
    padding: 10px 20px;
    font-size: 16px;
    border: none;
```

```css
        background-color: #e74c3c;
        color: #fff;
        border-radius: 5px;
        text-decoration: none;
        transition: background-color 0.3s ease;
    }

    .boton:hover {
        background-color: #c0392b;
    }
</style>
</head>
<body>

<header>
    <h1>Mi Página Web</h1>
    <nav>
        <ul>
            <li><a
href="#inicio">Inicio</a></li>
            <li><a
href="#nosotros">Nosotros</a></li>
            <li><a
href="#contacto">Contacto</a></li>
        </ul>
    </nav>
</header>

<main>
    <section id="inicio">
        <h2>Bienvenido a mi página web</h2>
        <p>Esta es una página de ejemplo creada
con HTML y CSS.</p>
```

```
        <a href="#nosotros" class="boton">Más
información</a>
    </section>

    <section id="nosotros">
        <h2>Sobre Nosotros</h2>
        <p>Somos un equipo dedicado a la
creación de sitios web.</p>
        <a href="#contacto"
class="boton">Contáctanos</a>
    </section>
</main>

<footer>
    <p>&copy; 2024 Mi Página Web</p>
</footer>

</body>
</html>
```

En este ejercicio, hemos creado una página web básica que incluye:

- Un encabezado `<header>` con un título y un menú de navegación `<nav>` que contiene una lista desordenada `<ul>` de enlaces `<a>`.
- Un contenido principal `<main>` con dos secciones `<section>` que contienen títulos `<h2>` y párrafos `<p>` con texto de ejemplo.
- Enlaces `<a>` estilizados como botones utilizando clases CSS `.boton` que cambian de color al pasar el cursor sobre ellos.

Ejercicio 125. Crea una página web (Diseño 4).

Combina todos los elementos anteriores para crear una página web completa con un diseño básico pero atractivo. Utiliza HTML para estructurar el contenido y CSS para darle estilo y diseño a la página en su conjunto.

Solución:

```
<!DOCTYPE html>
<html lang="es">
<head>
    <meta charset="UTF-8">
    <meta name="viewport"
content="width=device-width, initial-scale=1.0">
    <title>Página Web Básica</title>
    <style>
        body {
            font-family: Arial, sans-serif;
            background-color: #f9f9f9;
            color: #333;
            margin: 0;
            padding: 0;
        }

        header {
            background-color: #333;
            color: #fff;
            padding: 20px;
```

```css
        text-align: center;
    }

    nav ul {
        list-style-type: none;
        padding: 0;
    }

    nav ul li {
        display: inline;
        margin-right: 10px;
    }

    main {
        padding: 20px;
        text-align: center;
    }

    section {
        margin-bottom: 20px;
        padding: 20px;
        background-color: #fff;
        box-shadow: 0 2px 4px rgba(0, 0, 0,
0.1);
        border-radius: 5px;
        text-align: left;
    }

    footer {
        text-align: center;
        padding: 10px;
        background-color: #333;
        color: #fff;
    }
```

```html
        </style>
    </head>
    <body>

        <header>
            <h1>Mi Página Web</h1>
            <nav>
                <ul>
                    <li><a
href="#inicio">Inicio</a></li>
                    <li><a
href="#nosotros">Nosotros</a></li>
                    <li><a
href="#servicios">Servicios</a></li>
                </ul>
            </nav>
        </header>

        <main>
            <section id="inicio">
                <h2>Bienvenido a mi página web</h2>
                <p>Esta es una página de ejemplo creada
con HTML y CSS.</p>
            </section>

            <section id="nosotros">
                <h2>Sobre Nosotros</h2>
                <p>Somos un equipo dedicado a la
creación de sitios web.</p>
            </section>

            <section id="servicios">
                <h2>Nuestros Servicios</h2>
                <ul>
```

```
        <li>Diseño web</li>
        <li>Desarrollo frontend</li>
        <li>Optimización SEO</li>
      </ul>
    </section>
  </main>

  <footer>
      <p>&copy; 2024 Mi Página Web</p>
  </footer>

</body>
</html>
```

En este ejercicio, hemos creado una página web básica con el siguiente diseño:

- El fondo de la página es de color `#f9f9f9` (gris claro), y el texto es de color `#333` (gris oscuro).
- El encabezado (`header`) tiene un fondo oscuro (`#333`), texto blanco (`#fff`), y un padding de `20px`.
- La lista de navegación (`nav ul`) no tiene viñetas (`list-style-type: none;`) y los elementos de la lista (`nav ul li`) se muestran en línea (`display: inline;`), separados por un margen derecho de `10px`.
- El contenido principal (`main`) tiene un padding de `20px` para separarlo del borde.
- Cada sección (`section`) tiene un fondo blanco (`#fff`), sombra (`box-shadow`), bordes redondeados (`border-radius`), y un padding interno de `20px`.

- Las secciones incluyen títulos (h2) y párrafos (p) con contenido de ejemplo.
- La sección de servicios (#servicios) incluye una lista desordenada (ul) con algunos elementos (li) que representan servicios ofrecidos.

Ejercicio 126. Crea una página web (Diseño 5).

Combina todos los elementos anteriores para crear una página web completa con un diseño básico pero atractivo. Utiliza HTML para estructurar el contenido y CSS para darle estilo y diseño a la página en su conjunto.

Solución:

```
<!DOCTYPE html>
<html lang="es">
<head>
    <meta charset="UTF-8">
    <meta name="viewport"
content="width=device-width, initial-scale=1.0">
    <title>Mi Página Web</title>
    <style>
        body {
            font-family: Arial, sans-serif;
            background-color: #f4f4f4;
            color: #333;
```

```css
        margin: 0;
        padding: 0;
    }

    header {
        background-color: #333;
        color: #fff;
        padding: 20px;
        text-align: center;
    }

    nav ul {
        list-style-type: none;
        padding: 0;
    }

    nav ul li {
        display: inline;
        margin-right: 10px;
    }

    main {
        padding: 20px;
        text-align: center;
    }

    section {
        margin-bottom: 20px;
        padding: 20px;
        background-color: #fff;
        box-shadow: 0 2px 4px rgba(0, 0, 0,
0.1);
        border-radius: 5px;
        text-align: left;
```

```
        }

        footer {
            text-align: center;
            padding: 10px;
            background-color: #333;
            color: #fff;
        }

        .boton {
            display: inline-block;
            padding: 10px 20px;
            font-size: 16px;
            color: #fff;
            background-color: #3498db;
            border: none;
            border-radius: 5px;
            text-decoration: none;
            transition: background-color 0.3s ease;
        }

        .boton:hover {
            background-color: #2980b9;
        }
    </style>
</head>
<body>

    <header>
        <h1>Mi Página Web</h1>
        <nav>
            <ul>
                <li><a
href="#inicio">Inicio</a></li>
```

```html
            <li><a href="#acerca">Acerca
de</a></li>
            <li><a
href="#servicios">Servicios</a></li>
        </ul>
      </nav>
   </header>

   <main>
      <section id="inicio">
         <h2>Bienvenido</h2>
         <p>¡Bienvenido a mi página web!</p>
         <a href="#acerca" class="boton">Acerca
de Nosotros</a>
      </section>

      <section id="acerca">
         <h2>Acerca de Nosotros</h2>
         <p>Somos un equipo apasionado por el
diseño web y el desarrollo frontend.</p>
         <a href="#servicios"
class="boton">Nuestros Servicios</a>
      </section>

      <section id="servicios">
         <h2>Nuestros Servicios</h2>
         <ul>
            <li>Diseño web</li>
            <li>Desarrollo frontend</li>
            <li>Optimización SEO</li>
         </ul>
      </section>
   </main>
```

```
<footer>
    <p>&copy; 2024 Mi Página Web</p>
</footer>

</body>
</html>
```

En este ejercicio:

- Hemos creado una página web básica con un diseño simple pero elegante.
- El fondo de la página es gris claro (`#f4f4f4`) y el texto es gris oscuro (`#333`).
- El encabezado (`header`) tiene un fondo oscuro (`#333`), texto blanco (`#fff`) y un padding de `20px`.
- La lista de navegación (`nav ul`) muestra los elementos de la lista en línea (`display: inline;`) y separados por un margen derecho de `10px`.
- Cada sección (`section`) tiene un fondo blanco (`#fff`), sombra (`box-shadow`), bordes redondeados (`border-radius`) y un padding interno de `20px`.
- Hemos incluido botones estilizados (`a.boton`) con transiciones al pasar el cursor (`transition`).

Este ejemplo te permite practicar la combinación de HTML y CSS para crear una página web simple pero funcional. Cada sección tiene un enlace que te lleva a la siguiente sección, lo que hace que la navegación sea fluida.

Ejercicios Avanzados.

Ejercicio 127. Crear un formulario de registro con múltiples secciones

Crear un formulario de registro con múltiples secciones (información personal, datos de contacto, preferencias).

Detalles: Utilizar `<fieldset>` y `<legend>`, incluir validaciones HTML5, y aplicar diferentes tipos de entradas (`<input>`, `<textarea>`, `<select>`).

```
<!DOCTYPE html>
<html lang="en">
<head>
    <meta charset="UTF-8">
    <meta name="viewport"
content="width=device-width, initial-scale=1.0">
    <title>Formulario de Registro Complejo</title>
```

```
<style>
    body {
        font-family: Arial, sans-serif;
        margin: 20px;
        padding: 20px;
        background-color: #f5f5f5;
    }
    fieldset {
        border: 2px solid #ccc;
        margin-bottom: 20px;
        padding: 20px;
        background-color: #fff;
    }
    legend {
        font-weight: bold;
        padding: 0 10px;
    }
    label {
        display: block;
        margin-bottom: 10px;
    }
    input[type="text"],
    input[type="email"],
    input[type="password"],
    input[type="tel"],
    textarea,
    select {
        width: 100%;
        padding: 8px;
        margin-bottom: 10px;
        border: 1px solid #ccc;
        border-radius: 4px;
    }
    input[type="submit"] {
```

```
            background-color: #4CAF50;
            color: white;
            padding: 10px 20px;
            border: none;
            border-radius: 4px;
            cursor: pointer;
        }
        input[type="submit"]:hover {
            background-color: #45a049;
        }
    </style>
</head>
<body>
    <h1>Formulario de Registro</h1>
    <form action="#" method="post">
        <fieldset>
            <legend>Información Personal</legend>
            <label for="first-name">Nombre:</label>
            <input type="text" id="first-name"
name="first-name" required>

            <label
for="last-name">Apellido:</label>
            <input type="text" id="last-name"
name="last-name" required>

            <label for="dob">Fecha de
Nacimiento:</label>
            <input type="date" id="dob" name="dob"
required>
        </fieldset>

        <fieldset>
            <legend>Datos de Contacto</legend>
```

```html
            <label for="email">Correo
Electrónico:</label>
            <input type="email" id="email"
name="email" required>

            <label for="phone">Teléfono:</label>
            <input type="tel" id="phone"
name="phone" pattern="[0-9]{10}" required>
        </fieldset>

        <fieldset>
            <legend>Preferencias</legend>
            <label for="newsletter">¿Desea recibir
nuestro boletín informativo?</label>
            <select id="newsletter"
name="newsletter">
                <option value="yes">Sí</option>
                <option value="no">No</option>
            </select>

            <label
for="comments">Comentarios:</label>
            <textarea id="comments" name="comments"
rows="4"></textarea>
        </fieldset>

        <input type="submit" value="Registrarse">
    </form>
</body>
</html>
```

Explicación del Código

Estructura Básica del Formulario:

- Utiliza <form> para definir el formulario y establece los atributos action y method.

Fieldsets y Legend:

- Cada sección del formulario está contenida dentro de un <fieldset> para agrupar visualmente y semánticamente los elementos relacionados.
- <legend> proporciona un título para cada <fieldset>.

Etiquetas y Entradas:

- Utiliza <label> para etiquetar cada campo del formulario.
- Los campos de entrada (<input>, <textarea>, <select>) están configurados con los atributos necesarios como type, id, name, required, y otros.

Validación HTML5:

- Se usa required para hacer que ciertos campos sean obligatorios.
- El campo de teléfono utiliza pattern para definir un formato específico de 10 dígitos.

Estilos CSS:

- Define el estilo general del formulario y los campos para mejorar la apariencia y la usabilidad.

Ejercicio 128. Construcción de un layout complejo con Grid y Flexbox.

- Requisitos: Crear un layout para una página de noticias con encabezado, barra lateral, área de contenido principal, y pie de página.
- Detalles: Utilizar CSS Grid para el layout principal y Flexbox para los elementos internos.

```
<!DOCTYPE html>
<html lang="en">
<head>
    <meta charset="UTF-8">
    <meta name="viewport"
content="width=device-width, initial-scale=1.0">
    <title>Layout Complejo con Grid y
Flexbox</title>
    <style>
        body {
            font-family: Arial, sans-serif;
            margin: 0;
            padding: 0;
            background-color: #f5f5f5;
        }
        .container {
            display: grid;
            grid-template-areas:
```

```css
        'header header header'
        'sidebar main main'
        'footer footer footer';
    grid-template-columns: 1fr 2fr 2fr;
    grid-template-rows: auto 1fr auto;
    height: 100vh;
    gap: 10px;
    padding: 10px;
}
header {
    grid-area: header;
    background-color: #333;
    color: white;
    padding: 10px;
    text-align: center;
}
aside {
    grid-area: sidebar;
    background-color: #f4f4f4;
    padding: 10px;
}
main {
    grid-area: main;
    background-color: #fff;
    padding: 10px;
}
footer {
    grid-area: footer;
    background-color: #333;
    color: white;
    padding: 10px;
    text-align: center;
}
.flex-container {
```

```
            display: flex;
            flex-direction: column;
            gap: 10px;
        }
        .news-item {
            background-color: #e4e4e4;
            padding: 10px;
            border-radius: 5px;
        }
        .news-item h2 {
            margin: 0 0 10px 0;
        }
    </style>
</head>
<body>
    <div class="container">
        <header>
            <h1>Sitio de Noticias</h1>
        </header>
        <aside>
            <h2>Barra Lateral</h2>
            <p>Contenido adicional, enlaces,
anuncios, etc.</p>
        </aside>
        <main>
            <div class="flex-container">
                <div class="news-item">
                    <h2>Noticia 1</h2>
                    <p>Lorem ipsum dolor sit amet,
consectetur adipiscing elit. Donec vel urna quis
arcu fermentum egestas.</p>
                </div>
                <div class="news-item">
                    <h2>Noticia 2</h2>
```

```
            <p>Aliquam erat volutpat.
Quisque at erat ut mauris tincidunt viverra nec id
magna.</p>
            </div>
            <div class="news-item">
                <h2>Noticia 3</h2>
                <p>Vestibulum ante ipsum primis
in faucibus orci luctus et ultrices posuere cubilia
curae; Sed consequat vehicula purus.</p>
            </div>
        </div>
    </main>
    <footer>
        <p>&copy; 2024 Sitio de Noticias. Todos
los derechos reservados.</p>
    </footer>
    </div>
</body>
</html>
```

Explicación del Código

Estructura HTML:

- La página se divide en header, aside (barra lateral), main (contenido principal), y footer.
- Utiliza una clase flex-container dentro del main para organizar las noticias con Flexbox.

CSS Grid para el Layout Principal:

- .container usa display: grid para definir una cuadrícula.

- grid-template-areas establece las áreas del layout (encabezado, barra lateral, contenido principal, y pie de página).
- grid-template-columns y grid-template-rows definen las proporciones de las columnas y filas.

Flexbox para la Organización Interna:

- .flex-container usa display: flex y flex-direction: column para organizar los elementos en una columna.
- gap añade espacio entre los elementos.

Estilos y Diseño:

- Estilos básicos para cada área del layout (header, aside, main, footer).
- Estilos para los elementos de noticias (.news-item).

Ejercicio 129. Implementación de Accesibilidad Avanzada:

```
<!DOCTYPE html>
<html lang="es">
<head>
    <meta charset="UTF-8">
    <meta name="viewport"
content="width=device-width, initial-scale=1.0">
    <title>Página Accesible</title>
    <style>
```

```css
body {
    font-family: Arial, sans-serif;
    margin: 0;
    padding: 0;
    background-color: #f5f5f5;
}
header, nav, main, footer {
    padding: 10px;
    margin: 10px;
    background-color: #fff;
    border-radius: 5px;
}
header {
    background-color: #333;
    color: white;
}
nav a {
    margin-right: 10px;
    text-decoration: none;
    color: #333;
}
nav a:focus {
    outline: 2px solid #333;
}
.sr-only {
    position: absolute;
    width: 1px;
    height: 1px;
    margin: -1px;
    padding: 0;
    overflow: hidden;
    clip: rect(0, 0, 0, 0);
    border: 0;
}
```

```html
        </style>
</head>
<body>
    <header role="banner">
        <h1>Página Accesible</h1>
        <p>Bienvenido a nuestra página web
accesible.</p>
    </header>

    <nav role="navigation" aria-label="Menú
principal">
        <a href="#home" accesskey="h">Inicio</a>
        <a href="#about" accesskey="a">Sobre
Nosotros</a>
        <a href="#services"
accesskey="s">Servicios</a>
        <a href="#contact"
accesskey="c">Contacto</a>
    </nav>

    <main role="main">
        <section id="home" tabindex="-1"
aria-labelledby="home-heading">
            <h2 id="home-heading">Inicio</h2>
            <p>Contenido de la sección de
inicio.</p>
        </section>

        <section id="about" tabindex="-1"
aria-labelledby="about-heading">
            <h2 id="about-heading">Sobre
Nosotros</h2>
            <p>Contenido de la sección sobre
nosotros.</p>
```

```
        </section>

        <section id="services" tabindex="-1"
aria-labelledby="services-heading">
            <h2
id="services-heading">Servicios</h2>
            <p>Contenido de la sección de
servicios.</p>
        </section>

        <section id="contact" tabindex="-1"
aria-labelledby="contact-heading">
            <h2 id="contact-heading">Contacto</h2>
            <form
aria-labelledby="contact-form-heading">
                <fieldset>
                    <legend
id="contact-form-heading">Formulario de
Contacto</legend>
                    <label
for="name">Nombre:</label>
                    <input type="text" id="name"
name="name" required>

                    <label for="email">Correo
Electrónico:</label>
                    <input type="email" id="email"
name="email" required>

                    <label
for="message">Mensaje:</label>
                    <textarea id="message"
name="message" rows="4" required></textarea>
```

```
                  <button
type="submit">Enviar</button>
            </fieldset>
        </form>
     </section>
  </main>

  <footer role="contentinfo">
      <p>&copy; 2024 Página Accesible. Todos los
derechos reservados.</p>
      <a href="#home" class="sr-only">Volver al
inicio de la página</a>
    </footer>
</body>
</html>
```

Explicación del Código

Estructura Semántica:

- Utiliza elementos HTML5 semánticos como <header>, <nav>, <main>, <section>, y <footer> para estructurar el contenido.

Roles ARIA:

- role="banner", role="navigation", role="main", role="contentinfo": Define las áreas de la página para los lectores de pantalla.
- aria-label="Menú principal": Proporciona una descripción del propósito de la navegación.
- aria-labelledby y aria-labelledby: Relaciona las etiquetas con sus respectivos encabezados para mejorar la accesibilidad.

Accesibilidad del Teclado:

- accesskey: Proporciona atajos de teclado para la navegación.
- tabindex="-1": Permite que los elementos sean enfocables por el teclado sin cambiar el orden del tabulador.

Contenido Solo para Lectores de Pantalla:

- .sr-only: Clase CSS que oculta elementos visualmente pero los mantiene accesibles para los lectores de pantalla.

Formulario Accesible:

- Utiliza etiquetas <label> para cada campo de entrada.
- required: Atributo HTML5 para indicar que los campos son obligatorios.
- <fieldset> y <legend>: Agrupan los campos relacionados del formulario y proporcionan contexto.

Ejercicio 130.Uso de APIs HTML5:

```
<!DOCTYPE html>
<html lang="es">
<head>
    <meta charset="UTF-8">
    <meta name="viewport"
content="width=device-width, initial-scale=1.0">
    <title>Uso de APIs HTML5</title>
    <style>
        body {
```

```css
        font-family: Arial, sans-serif;
        margin: 20px;
        padding: 20px;
        background-color: #f5f5f5;
    }
    .section {
        margin-bottom: 20px;
    }
    canvas {
        border: 1px solid #333;
        display: block;
        margin-top: 10px;
    }
    #map {
        width: 100%;
        height: 300px;
        margin-top: 10px;
        border: 1px solid #333;
    }
    </style>
</head>
<body>
    <h1>Uso de APIs HTML5</h1>

    <section class="section">
        <h2>Geolocalización</h2>
        <button onclick="getLocation()">Obtener
Ubicación</button>
        <div id="location"></div>
        <div id="map"></div>
    </section>

    <section class="section">
        <h2>Web Storage</h2>
```

```html
    <label for="name">Nombre:</label>
    <input type="text" id="name">
    <button onclick="saveName()">Guardar
Nombre</button>
    <button onclick="loadName()">Cargar
Nombre</button>
    <div id="stored-name"></div>
  </section>

  <section class="section">
    <h2>Canvas</h2>
    <canvas id="myCanvas" width="500"
height="300"></canvas>
  </section>

  <script>
    // API de Geolocalización
    function getLocation() {
        if (navigator.geolocation) {

navigator.geolocation.getCurrentPosition(showPositi
on, showError);
        } else {

document.getElementById("location").innerHTML = "La
geolocalización no es soportada por este
navegador.";
        }
    }

    function showPosition(position) {
        var lat = position.coords.latitude;
        var lon = position.coords.longitude;
```

```javascript
            var locationDiv =
document.getElementById("location");
            locationDiv.innerHTML = "Latitud: " +
lat + "<br>Longitud: " + lon;

            var map =
document.getElementById("map");
            var mapUrl =
`https://maps.google.com/maps?q=${lat},${lon}&hl=es
&z=14&output=embed`;
            map.innerHTML = `<iframe
src="${mapUrl}" width="100%"
height="100%"></iframe>`;
        }

    function showError(error) {
        switch(error.code) {
            case error.PERMISSION_DENIED:

document.getElementById("location").innerHTML = "El
usuario ha denegado la solicitud de
geolocalización."
                break;
            case error.POSITION_UNAVAILABLE:

document.getElementById("location").innerHTML = "La
información de ubicación no está disponible."
                break;
            case error.TIMEOUT:

document.getElementById("location").innerHTML = "La
solicitud de ubicación ha caducado."
                break;
            case error.UNKNOWN_ERROR:
```

```javascript
document.getElementById("location").innerHTML = "Se
ha producido un error desconocido."
                    break;
        }
    }

    // API de Web Storage
    function saveName() {
        var name =
document.getElementById("name").value;
        localStorage.setItem("name", name);
        alert("Nombre guardado en
localStorage.");
    }

    function loadName() {
        var storedName =
localStorage.getItem("name");
        var storedNameDiv =
document.getElementById("stored-name");
        if (storedName) {
            storedNameDiv.innerHTML = "Nombre
guardado: " + storedName;
        } else {
            storedNameDiv.innerHTML = "No hay
nombre guardado.";
        }
    }

    // API de Canvas
    var canvas =
document.getElementById("myCanvas");
    var ctx = canvas.getContext("2d");
```

```
        // Dibujar un rectángulo
        ctx.fillStyle = "#FF0000";
        ctx.fillRect(10, 10, 150, 100);

        // Dibujar un círculo
        ctx.beginPath();
        ctx.arc(300, 150, 50, 0, 2 * Math.PI);
        ctx.fillStyle = "#00FF00";
        ctx.fill();

        // Dibujar un texto
        ctx.font = "20px Arial";
        ctx.fillStyle = "#0000FF";
        ctx.fillText("Hola Canvas", 200, 50);
    </script>
</body>
</html>
```

Explicación del Código

Geolocalización:

- Utiliza navigator.geolocation.getCurrentPosition() para obtener la ubicación del usuario.
- showPosition muestra la latitud y longitud del usuario y carga un mapa de Google Maps con su ubicación.
- showError maneja los errores posibles al obtener la ubicación.

Web Storage:

- Guarda el nombre del usuario en localStorage utilizando localStorage.setItem().
- Carga el nombre almacenado desde localStorage utilizando localStorage.getItem().

Canvas:

- Utiliza el elemento <canvas> para dibujar formas y texto.
- ctx.fillRect() dibuja un rectángulo rojo.
- ctx.arc() y ctx.fill() dibujan un círculo verde.
- ctx.fillText() dibuja texto azul en el canvas.

Ejercicio 131. Animaciones y Transiciones Complejas

```
<!DOCTYPE html>
<html lang="es">
<head>
    <meta charset="UTF-8">
    <meta name="viewport"
content="width=device-width, initial-scale=1.0">
    <title>Animaciones y Transiciones
Complejas</title>
    <style>
        body {
            font-family: Arial, sans-serif;
            display: flex;
            justify-content: center;
            align-items: center;
            height: 100vh;
            margin: 0;
```

```css
        background-color: #f5f5f5;
    }

    .container {
        text-align: center;
    }

    .box {
        width: 100px;
        height: 100px;
        margin: 20px;
        display: inline-block;
        background-color: #3498db;
        transition: transform 0.5s ease,
background-color 0.5s ease;
    }

    .box:hover {
        transform: scale(1.5) rotate(45deg);
        background-color: #e74c3c;
    }

    @keyframes bounce {
        0%, 20%, 50%, 80%, 100% {
            transform: translateY(0);
        }
        40% {
            transform: translateY(-150px);
        }
        60% {
            transform: translateY(-75px);
        }
    }
```

```css
.bouncing-box {
    width: 100px;
    height: 100px;
    margin: 20px;
    background-color: #2ecc71;
    display: inline-block;
    animation: bounce 2s infinite;
}

@keyframes colorChange {
    0% {
        background-color: #e74c3c;
    }
    25% {
        background-color: #3498db;
    }
    50% {
        background-color: #f1c40f;
    }
    75% {
        background-color: #2ecc71;
    }
    100% {
        background-color: #e74c3c;
    }
}

.color-changing-box {
    width: 100px;
    height: 100px;
    margin: 20px;
    background-color: #e74c3c;
    display: inline-block;
    animation: colorChange 4s infinite;
```

```
        }

        @keyframes rotateAndScale {
            0% {
                transform: scale(1) rotate(0deg);
            }
            50% {
                transform: scale(1.5)
rotate(180deg);
            }
            100% {
                transform: scale(1) rotate(360deg);
            }
        }

        .rotating-scaling-box {
            width: 100px;
            height: 100px;
            margin: 20px;
            background-color: #9b59b6;
            display: inline-block;
            animation: rotateAndScale 3s infinite;
        }
    </style>
</head>
<body>
    <div class="container">
        <h1>Animaciones y Transiciones
Complejas</h1>
        <div class="box"></div>
        <div class="bouncing-box"></div>
        <div class="color-changing-box"></div>
        <div class="rotating-scaling-box"></div>
    </div>
```

```
</body>
</html>
```

Explicación del Código

Estructura Básica:

- La estructura HTML contiene una serie de div con diferentes clases que se animarán.

Transiciones CSS:

- .box tiene una transición aplicada a transform y background-color.
- .box:hover cambia la escala, rota el div y cambia el color de fondo cuando el usuario pasa el ratón por encima.

Animaciones CSS:

- .bouncing-box tiene una animación bounce que hace que el div rebote verticalmente.
- .color-changing-box cambia de color continuamente utilizando la animación colorChange.
- .rotating-scaling-box rota y escala el div usando la animación rotateAndScale.

Keyframes:

- @keyframes bounce define el movimiento de rebote.
- @keyframes colorChange define la secuencia de cambio de color.

- @keyframes rotateAndScale define la secuencia de rotación y escalado.

Ejercicio 132. Diseño Responsivo Avanzado:

```html
<!DOCTYPE html>
<html lang="es">
<head>
    <meta charset="UTF-8">
    <meta name="viewport"
content="width=device-width, initial-scale=1.0">
    <title>Diseño Responsivo Avanzado</title>
    <style>
        body {
            font-family: Arial, sans-serif;
            margin: 0;
            padding: 0;
            box-sizing: border-box;
        }

        header {
            background-color: #333;
            color: white;
            padding: 10px 20px;
            text-align: center;
        }
```

```
nav {
    background-color: #444;
    color: white;
    padding: 10px;
}

nav ul {
    list-style-type: none;
    padding: 0;
    margin: 0;
    display: flex;
    justify-content: center;
}

nav ul li {
    margin: 0 10px;
}

nav ul li a {
    color: white;
    text-decoration: none;
}

.container {
    display: grid;
    grid-template-areas:
        'header header header'
        'sidebar main main'
        'footer footer footer';
    grid-template-columns: 1fr 2fr 2fr;
    grid-template-rows: auto 1fr auto;
    gap: 10px;
    padding: 20px;
}
```

```css
@media (max-width: 768px) {
    .container {
        grid-template-areas:
            'header'
            'nav'
            'main'
            'sidebar'
            'footer';
        grid-template-columns: 1fr;
        grid-template-rows: auto auto 1fr
auto auto;
    }

    nav ul {
        flex-direction: column;
        align-items: center;
    }
}

aside {
    grid-area: sidebar;
    background-color: #f4f4f4;
    padding: 20px;
}

main {
    grid-area: main;
    background-color: #fff;
    padding: 20px;
}

footer {
    grid-area: footer;
```

```css
            background-color: #333;
            color: white;
            text-align: center;
            padding: 10px 20px;
        }

        @media (max-width: 480px) {
            header, footer {
                padding: 10px;
                text-align: center;
            }

            nav ul li {
                margin: 5px 0;
            }

            .container {
                padding: 10px;
                gap: 5px;
            }
        }
    </style>
</head>
<body>
    <header>
        <h1>Diseño Responsivo Avanzado</h1>
    </header>

    <nav>
        <ul>
            <li><a href="#">Inicio</a></li>
            <li><a href="#">Sobre Nosotros</a></li>
            <li><a href="#">Servicios</a></li>
            <li><a href="#">Contacto</a></li>
```

```
        </ul>
    </nav>

    <div class="container">
        <aside>
            <h2>Barra Lateral</h2>
            <p>Contenido adicional, enlaces,
anuncios, etc.</p>
        </aside>
        <main>
            <h2>Contenido Principal</h2>
            <p>Lorem ipsum dolor sit amet,
consectetur adipiscing elit. Donec vel urna quis
arcu fermentum egestas.</p>
            <p>Aliquam erat volutpat. Quisque at
erat ut mauris tincidunt viverra nec id magna.</p>
            <p>Vestibulum ante ipsum primis in
faucibus orci luctus et ultrices posuere cubilia
curae; Sed consequat vehicula purus.</p>
        </main>
    </div>

    <footer>
        <p>&copy; 2024 Diseño Responsivo Avanzado.
Todos los derechos reservados.</p>
    </footer>
</body>
</html>
```

Explicación del Código

Estructura HTML:

- Utiliza elementos semánticos (<header>, <nav>, <main>, <aside>, <footer>) para estructurar la página.

CSS Básico:

- Establece estilos básicos para el cuerpo, encabezado, navegación, barra lateral, contenido principal y pie de página.
- Utiliza Flexbox para la disposición de los elementos en la navegación (nav ul).

Grid Layout:

- Utiliza CSS Grid para la disposición principal de la página (.container).
- Define áreas de la cuadrícula (grid-template-areas) para el encabezado, barra lateral, contenido principal y pie de página.

Media Queries:

- Define un media query para pantallas con un ancho máximo de 768px.
- Cambia la disposición de la cuadrícula a una sola columna, apilando los elementos verticalmente.
- Cambia la dirección de los elementos de navegación a columna.
- Define un media query adicional para pantallas con un ancho máximo de 480px.
- Ajusta los márgenes y rellenos para optimizar el diseño en dispositivos móviles más pequeños.

Ejercicio 133. Preprocesadores CSS (Sass o LESS):

Código Sass (SCSS)

```scss
// Variables
$primary-color: #3498db;
$secondary-color: #2ecc71;
$font-stack: 'Arial', sans-serif;

// Mixin para botones
@mixin button-style($bg-color) {
  background-color: $bg-color;
  border: none;
  color: white;
  padding: 10px 20px;
  text-align: center;
  text-decoration: none;
  display: inline-block;
  font-size: 16px;
  margin: 4px 2px;
  cursor: pointer;
  border-radius: 5px;
  transition: background-color 0.3s;

  &:hover {
    background-color: darken($bg-color, 10%);
  }
}
```

```scss
// Mixin para flexbox
@mixin flex-center {
  display: flex;
  justify-content: center;
  align-items: center;
}

// Estilos base
body {
  font-family: $font-stack;
  margin: 0;
  padding: 0;
  background-color: #f5f5f5;
}

// Encabezado
header {
  background-color: $primary-color;
  color: white;
  padding: 20px;
  text-align: center;

  h1 {
    margin: 0;
  }
}

// Navegación
nav {
  background-color: darken($primary-color, 10%);
  padding: 10px;

  ul {
```

```scss
    list-style-type: none;
    margin: 0;
    padding: 0;
    display: flex;
    justify-content: center;

    li {
      margin: 0 10px;

      a {
        color: white;
        text-decoration: none;
        @include button-style(transparent);
      }
    }
  }
}

// Contenedor principal
.container {
  @include flex-center;
  flex-direction: column;
  padding: 20px;

  .content {
    background-color: white;
    padding: 20px;
    border-radius: 5px;
    box-shadow: 0 0 10px rgba(0, 0, 0, 0.1);
    width: 100%;
    max-width: 800px;

    h2 {
      color: $primary-color;
```

```scss
    }

    p {
      line-height: 1.6;
    }

    .button {
      @include button-style($secondary-color);
    }
  }
}

// Pie de página
footer {
  background-color: $primary-color;
  color: white;
  text-align: center;
  padding: 10px;
  position: fixed;
  width: 100%;
  bottom: 0;
}
```

Código HTML

```html
<!DOCTYPE html>
<html lang="es">
<head>
    <meta charset="UTF-8">
    <meta name="viewport"
content="width=device-width, initial-scale=1.0">
```

```html
    <title>Ejemplo de Sass</title>
    <link rel="stylesheet" href="styles.css">
</head>
<body>
    <header>
        <h1>Ejemplo de Sass</h1>
    </header>

    <nav>
        <ul>
            <li><a href="#">Inicio</a></li>
            <li><a href="#">Sobre Nosotros</a></li>
            <li><a href="#">Servicios</a></li>
            <li><a href="#">Contacto</a></li>
        </ul>
    </nav>

    <div class="container">
        <div class="content">
            <h2>Contenido Principal</h2>
            <p>Este es un ejemplo de cómo utilizar
Sass en tu proyecto para escribir CSS más limpio y
mantenible.</p>
            <a href="#" class="button">Leer Más</a>
        </div>
    </div>

    <footer>
        <p>&copy; 2024 Ejemplo de Sass. Todos los
derechos reservados.</p>
    </footer>
</body>
</html>
```

Compilación de Sass a CSS

Para utilizar el código Sass (SCSS), necesitarás compilarlo a CSS. Puedes hacer esto utilizando una herramienta de línea de comandos como sass o un preprocesador incorporado en tu entorno de desarrollo. Aquí hay un ejemplo de cómo compilar el archivo SCSS a CSS utilizando la línea de comandos:

1. Instala Sass (si no lo tienes ya) utilizando npm:

```
npm install -g sass
```

2. Compila el archivo SCSS a CSS:

```
sass styles.scss styles.css
```

Explicación del Código

1. **Variables**:
   - Define variables para colores y fuentes para mantener la consistencia y facilitar cambios futuros.
2. **Mixins**:
   - Crea mixins reutilizables para estilos de botones y centrado de flexbox.
3. **Anidación**:
   - Utiliza anidación para escribir estilos de manera más clara y estructurada, anidando selectores dentro de sus padres.

4. **Funciones**:
   - Usa funciones integradas como darken para ajustar dinámicamente los colores.

Ejercicio 134. Efectos Avanzados de Fondo y Textura:

```
<!DOCTYPE html>
<html lang="es">
<head>
    <meta charset="UTF-8">
    <meta name="viewport"
content="width=device-width, initial-scale=1.0">
    <title>Efectos Avanzados de Fondo y
Textura</title>
    <style>
        body {
            font-family: Arial, sans-serif;
            margin: 0;
            padding: 0;
            display: flex;
            justify-content: center;
            align-items: center;
            height: 100vh;
            background: linear-gradient(135deg,
#1abc9c 0%, #2ecc71 100%);
        }

        .container {
            position: relative;
            width: 80%;
```

```css
        max-width: 1200px;
        background: rgba(255, 255, 255, 0.8);
        border-radius: 15px;
        overflow: hidden;
        box-shadow: 0 4px 10px rgba(0, 0, 0,
0.1);
    }

    .background-image {
        position: absolute;
        top: 0;
        left: 0;
        width: 100%;
        height: 100%;
        background:
url('https://www.toptal.com/designers/subtlepattern
s/patterns/dark_embroidery.png');
        opacity: 0.2;
        z-index: -1;
    }

    .content {
        padding: 20px;
        text-align: center;
        color: #333;
    }

    h1 {
        margin: 0 0 20px;
        font-size: 2.5em;
        background: linear-gradient(135deg,
#e74c3c 0%, #e67e22 100%);
        -webkit-background-clip: text;
        -webkit-text-fill-color: transparent;
```

```css
        }

        p {
            font-size: 1.2em;
            line-height: 1.6;
            margin: 0 0 20px;
            background: linear-gradient(135deg,
#8e44ad 0%, #3498db 100%);
            -webkit-background-clip: text;
            -webkit-text-fill-color: transparent;
        }

        .button {
            display: inline-block;
            padding: 10px 20px;
            margin: 10px 0;
            color: white;
            background: linear-gradient(135deg,
#f39c12 0%, #d35400 100%);
            border: none;
            border-radius: 25px;
            text-decoration: none;
            font-size: 1.2em;
            transition: transform 0.3s, background
0.3s;
        }

        .button:hover {
            background: linear-gradient(135deg,
#d35400 0%, #f39c12 100%);
            transform: scale(1.05);
        }

        .texture-overlay {
```

```css
            position: absolute;
            top: 0;
            left: 0;
            width: 100%;
            height: 100%;
            background:
url('https://www.toptal.com/designers/subtlepattern
s/patterns/dark_embroidery.png');
            mix-blend-mode: overlay;
            z-index: 1;
            opacity: 0.5;
        }
    </style>
</head>
<body>
    <div class="container">
        <div class="background-image"></div>
        <div class="texture-overlay"></div>
        <div class="content">
            <h1>Efectos Avanzados de Fondo y
Textura</h1>
            <p>Utilizando CSS, puedes crear efectos
visuales complejos como gradientes, texturas y
mezclas de fondo para mejorar el diseño de tu sitio
web.</p>
            <a href="#" class="button">Leer Más</a>
        </div>
    </div>
</body>
</html>
```

Explicación del Código

1. **Estructura HTML**:
   - La estructura HTML contiene un contenedor principal (.container) con una imagen de fondo (.background-image), una superposición de textura (.texture-overlay), y contenido central (.content).
2. **Gradientes de Fondo**:
   - El body utiliza un gradiente lineal para el fondo.
   - Los textos de los encabezados (h1, p) utilizan gradientes de fondo aplicados a través de background-clip y text-fill-color para crear efectos de texto degradado.
3. **Imagen de Fondo**:
   - .background-image se utiliza para aplicar una imagen de fondo con baja opacidad.
4. **Superposición de Textura**:
   - .texture-overlay utiliza una imagen de textura combinada con mix-blend-mode: overlay para crear un efecto de mezcla sobre el contenido principal.
5. **Efectos de Botón**:
   - .button utiliza gradientes de fondo y una transición para cambiar el fondo y escalar el botón cuando se pasa el ratón por encima (:hover).
6. **Box Shadow y Border Radius**:
   - .container utiliza box-shadow para agregar sombra y border-radius para esquinas redondeadas, mejorando el diseño visual.

Ejercicio 135: Menú de Navegación Fijo con Desplazamiento Suave

Crea un menú de navegación fijo en la parte superior de la página que permita desplazarse suavemente a diferentes secciones de la página cuando se haga clic en los enlaces.

Código HTML

```
<!DOCTYPE html>
<html lang="es">
<head>
    <meta charset="UTF-8">
    <meta name="viewport"
content="width=device-width, initial-scale=1.0">
    <title>Menú de Navegación Fijo</title>
    <style>
        body {
            font-family: Arial, sans-serif;
            margin: 0;
            padding: 0;
            scroll-behavior: smooth;
        }

        nav {
            position: fixed;
```

```css
        top: 0;
        width: 100%;
        background-color: #333;
        padding: 10px 0;
        text-align: center;
        z-index: 1000;
    }

    nav a {
        color: white;
        margin: 0 15px;
        text-decoration: none;
        font-size: 1.2em;
    }

    section {
        padding: 100px 20px;
        height: 100vh;
    }

    #section1 { background-color: #f4f4f4; }
    #section2 { background-color: #e4e4e4; }
    #section3 { background-color: #d4d4d4; }
    #section4 { background-color: #c4c4c4; }
</style>
</head>
<body>
    <nav>
        <a href="#section1">Sección 1</a>
        <a href="#section2">Sección 2</a>
        <a href="#section3">Sección 3</a>
        <a href="#section4">Sección 4</a>
    </nav>
```

```
<section id="section1">
    <h2>Sección 1</h2>
    <p>Contenido de la sección 1.</p>
</section>
<section id="section2">
    <h2>Sección 2</h2>
    <p>Contenido de la sección 2.</p>
</section>
<section id="section3">
    <h2>Sección 3</h2>
    <p>Contenido de la sección 3.</p>
</section>
<section id="section4">
    <h2>Sección 4</h2>
    <p>Contenido de la sección 4.</p>
</section>
</body>
</html>
```

Ejercicio 136: Galería de Imágenes con Efecto Hover

Crea una galería de imágenes que muestre un efecto de zoom y superposición de color cuando el usuario pase el ratón sobre las imágenes.

Código HTML

```
<!DOCTYPE html>
<html lang="es">
<head>
```

```
    <meta charset="UTF-8">
    <meta name="viewport"
content="width=device-width, initial-scale=1.0">
    <title>Galería de Imágenes con Efecto
Hover</title>
    <style>
        body {
            font-family: Arial, sans-serif;
            margin: 0;
            padding: 20px;
            display: flex;
            flex-wrap: wrap;
            justify-content: center;
            gap: 10px;
        }

        .gallery {
            position: relative;
            overflow: hidden;
            width: 300px;
            height: 200px;
            border-radius: 10px;
            box-shadow: 0 4px 8px rgba(0, 0, 0,
0.1);
        }

        .gallery img {
            width: 100%;
            height: 100%;
            object-fit: cover;
            transition: transform 0.5s ease;
        }

        .gallery:hover img {
```

```css
            transform: scale(1.1);
        }

        .gallery::after {
            content: '';
            position: absolute;
            top: 0;
            left: 0;
            width: 100%;
            height: 100%;
            background: rgba(0, 0, 0, 0.5);
            opacity: 0;
            transition: opacity 0.5s ease;
        }

        .gallery:hover::after {
            opacity: 1;
        }
    </style>
</head>
<body>
    <div class="gallery">
        <img
src="https://via.placeholder.com/300x200"
alt="Imagen 1">
    </div>
    <div class="gallery">
        <img
src="https://via.placeholder.com/300x200"
alt="Imagen 2">
    </div>
    <div class="gallery">
```

```html
        <img
src="https://via.placeholder.com/300x200"
alt="Imagen 3">
    </div>
    <div class="gallery">
        <img
src="https://via.placeholder.com/300x200"
alt="Imagen 4">
    </div>
</body>
</html>
```

Ejercicio 137: Tarjetas Interactivas con Efecto Flip

Crea tarjetas interactivas que se volteen para
mostrar contenido adicional en el reverso cuando se
hace clic en ellas.

Código HTML

```html
<!DOCTYPE html>
<html lang="es">
<head>
    <meta charset="UTF-8">
    <meta name="viewport"
content="width=device-width, initial-scale=1.0">
    <title>Tarjetas Interactivas con Efecto
Flip</title>
    <style>
        body {
            font-family: Arial, sans-serif;
            margin: 0;
            padding: 20px;
```

```css
    display: flex;
    flex-wrap: wrap;
    justify-content: center;
    gap: 20px;
}

.card {
    width: 200px;
    height: 300px;
    perspective: 1000px;
}

.card-inner {
    position: relative;
    width: 100%;
    height: 100%;
    transform-style: preserve-3d;
    transition: transform 0.6s;
}

.card:hover .card-inner {
    transform: rotateY(180deg);
}

.card-front, .card-back {
    position: absolute;
    width: 100%;
    height: 100%;
    backface-visibility: hidden;
    border-radius: 10px;
    box-shadow: 0 4px 8px rgba(0, 0, 0,
0.1);
    display: flex;
    align-items: center;
```

```
            justify-content: center;
            font-size: 1.5em;
            color: white;
        }

        .card-front {
            background: #3498db;
        }

        .card-back {
            background: #2ecc71;
            transform: rotateY(180deg);
        }
    </style>
</head>
<body>
    <div class="card">
        <div class="card-inner">
            <div class="card-front">
                Frente
            </div>
            <div class="card-back">
                Reverso
            </div>
        </div>
    </div>
    <div class="card">
        <div class="card-inner">
            <div class="card-front">
                Frente
            </div>
            <div class="card-back">
                Reverso
            </div>
```

```
        </div>
    </div>
    <div class="card">
        <div class="card-inner">
            <div class="card-front">
                Frente
            </div>
            <div class="card-back">
                Reverso
            </div>
        </div>
    </div>
</body>
</html>
```

Ejercicio 138: Formulario de Ingreso con Efecto de Flotación

Crea un formulario de ingreso que utilice
animaciones y transiciones para hacer que los
campos de entrada se desplacen hacia arriba cuando
el usuario hace clic en ellos.

Código HTML

```
<!DOCTYPE html>
<html lang="es">
<head>
    <meta charset="UTF-8">
```

```
    <meta name="viewport"
content="width=device-width, initial-scale=1.0">
    <title>Formulario de Ingreso con Efecto de
Flotación</title>
    <style>
        body {
            font-family: Arial, sans-serif;
            display: flex;
            justify-content: center;
            align-items: center;
            height: 100vh;
            margin: 0;
            background-color: #f5f5f5;
        }

        .login-container {
            background-color: white;
            padding: 40px;
            border-radius: 10px;
            box-shadow: 0 4px 8px rgba(0, 0, 0,
0.1);
            width: 300px;
        }

        .login-container h2 {
            margin-bottom: 20px;
            text-align: center;
            color: #333;
        }

        .input-container {
            position: relative;
            margin-bottom: 20px;
        }
```

```css
.input-container input {
    width: 100%;
    padding: 10px;
    border: 1px solid #ccc;
    border-radius: 5px;
    outline: none;
    font-size: 16px;
    background: none;
}

.input-container label {
    position: absolute;
    top: 50%;
    left: 10px;
    color: #999;
    font-size: 16px;
    pointer-events: none;
    transform: translateY(-50%);
    transition: 0.2s ease all;
}

.input-container input:focus ~ label,
.input-container
input:not(:placeholder-shown) ~ label {
    top: 0;
    left: 10px;
    font-size: 12px;
    color: #3498db;
}

.login-button {
    width: 100%;
    padding: 10px;
```

```
            background-color: #3498db;
            border: none;
            border-radius: 5px;
            color: white;
            font-size: 16px;
            cursor: pointer;
            transition: background-color 0.3s;
        }

        .login-button:hover {
            background-color: #2980b9;
        }
    </style>
</head>
<body>
    <div class="login-container">
        <h2>Iniciar Sesión</h2>
        <div class="input-container">
            <input type="text" id="username"
required placeholder=" ">
            <label for="username">Usuario</label>
        </div>
        <div class="input-container">
            <input type="password" id="password"
required placeholder=" ">
            <label
for="password">Contraseña</label>
        </div>
        <button
class="login-button">Ingresar</button>
    </div>
</body>
</html>
```

Ejercicio 139: Animaciones con Keyframes

Crea una animación utilizando @keyframes que haga que un elemento se mueva de izquierda a derecha y cambie de color.

Código HTML

```
<!DOCTYPE html>
<html lang="es">
<head>
    <meta charset="UTF-8">
    <meta name="viewport"
content="width=device-width, initial-scale=1.0">
    <title>Animaciones con Keyframes</title>
    <style>
        body {
            font-family: Arial, sans-serif;
            margin: 0;
            padding: 0;
            display: flex;
            justify-content: center;
            align-items: center;
            height: 100vh;
            background-color: #e0e0e0;
        }

        .animated-box {
            width: 100px;
```

```css
        height: 100px;
        background-color: #3498db;
        border-radius: 10px;
        animation: moveAndChange 3s infinite;
    }

    @keyframes moveAndChange {
        0% {
            transform: translateX(0);
            background-color: #3498db;
        }
        50% {
            transform: translateX(100px);
            background-color: #e74c3c;
        }
        100% {
            transform: translateX(0);
            background-color: #3498db;
        }
    }
</style>
</head>
<body>
    <div class="animated-box"></div>
</body>
</html>
```

Ejercicio 140: Diseño de Cuadrícula Dinámica con CSS Grid

Crea un diseño de cuadrícula que ajuste el número de columnas automáticamente según el tamaño de la pantalla.

Código HTML

```
<!DOCTYPE html>
<html lang="es">
<head>
    <meta charset="UTF-8">
    <meta name="viewport"
content="width=device-width, initial-scale=1.0">
    <title>Diseño de Cuadrícula Dinámica</title>
    <style>
        body {
            font-family: Arial, sans-serif;
            margin: 0;
            padding: 0;
            display: flex;
            justify-content: center;
            align-items: center;
            height: 100vh;
            background-color: #f5f5f5;
        }

        .grid-container {
```

```
            display: grid;
            grid-template-columns:
repeat(auto-fill, minmax(200px, 1fr));
            gap: 10px;
            width: 80%;
            max-width: 1200px;
        }

        .grid-item {
            background-color: #3498db;
            color: white;
            padding: 20px;
            text-align: center;
            border-radius: 10px;
            box-shadow: 0 4px 8px rgba(0, 0, 0,
0.1);
            font-size: 1.2em;
        }
    </style>
</head>
<body>
    <div class="grid-container">
        <div class="grid-item">Item 1</div>
        <div class="grid-item">Item 2</div>
        <div class="grid-item">Item 3</div>
        <div class="grid-item">Item 4</div>
        <div class="grid-item">Item 5</div>
        <div class="grid-item">Item 6</div>
    </div>
</body>
</html>
```

Ejercicio 141: Barra de Progreso Animada

Crea una barra de progreso animada que se llene gradualmente al cargar la página.

Código HTML

```
<!DOCTYPE html>
<html lang="es">
<head>
    <meta charset="UTF-8">
    <meta name="viewport"
content="width=device-width, initial-scale=1.0">
    <title>Barra de Progreso Animada</title>
    <style>
        body {
            font-family: Arial, sans-serif;
            display: flex;
            justify-content: center;
            align-items: center;
            height: 100vh;
            margin: 0;
            background-color: #f5f5f5;
        }

        .progress-container {
            width: 80%;
            max-width: 600px;
            background-color: #e0e0e0;
```

```
            border-radius: 20px;
            overflow: hidden;
        }

        .progress-bar {
            width: 0;
            height: 30px;
            background-color: #3498db;
            text-align: center;
            color: white;
            line-height: 30px;
            border-radius: 20px;
            transition: width 2s;
        }

        .progress-container[data-progress="75"]
.progress-bar {
            width: 75%;
        }
    </style>
</head>
<body>
    <div class="progress-container"
data-progress="75">
        <div class="progress-bar">75%</div>
    </div>

    <script>
        window.addEventListener('load', () => {
            const container =
document.querySelector('.progress-container');
            container.setAttribute('data-progress',
'75');
        });
```

```
        </script>
</body>
</html>
```

Ejercicio 142: Tooltip Personalizado

Crea un tooltip personalizado que aparezca cuando el usuario pase el ratón sobre un elemento.

Código HTML

```
<!DOCTYPE html>
<html lang="es">
<head>
    <meta charset="UTF-8">
    <meta name="viewport"
content="width=device-width, initial-scale=1.0">
    <title>Tooltip Personalizado</title>
    <style>
        body {
            font-family: Arial, sans-serif;
            display: flex;
            justify-content: center;
            align-items: center;
            height: 100vh;
            margin: 0;
            background-color: #f5f5f5;
        }

        .tooltip-container {
            position: relative;
```

```
            display: inline-block;
            cursor: pointer;
        }

        .tooltip-text {
            visibility: hidden;
            width: 200px;
            background-color: #333;
            color: #fff;
            text-align: center;
            border-radius: 5px;
            padding: 10px;
            position: absolute;
            z-index: 1;
            bottom: 125%;
            left: 50%;
            transform: translateX(-50%);
            opacity: 0;
            transition: opacity 0.3s;
        }

        .tooltip-container:hover .tooltip-text {
            visibility: visible;
            opacity: 1;
        }
    </style>
</head>
<body>
    <div class="tooltip-container">
        Pasa el ratón sobre mí
        <div class="tooltip-text">Este es un
tooltip personalizado</div>
    </div>
</body>
```

225

```
</html>
```

Ejercicio 143: Modal con Transición

Crea un modal que aparezca con una transición suave cuando se haga clic en un botón.

Código HTML

```
<!DOCTYPE html>
<html lang="es">
<head>
    <meta charset="UTF-8">
    <meta name="viewport"
content="width=device-width, initial-scale=1.0">
    <title>Modal con Transición</title>
    <style>
        body {
            font-family: Arial, sans-serif;
            display: flex;
            justify-content: center;
            align-items: center;
            height: 100vh;
            margin: 0;
            background-color: #f5f5f5;
        }

        .modal {
            display: none;
```

```css
        position: fixed;
        top: 0;
        left: 0;
        width: 100%;
        height: 100%;
        background-color: rgba(0, 0, 0, 0.5);
        justify-content: center;
        align-items: center;
    }

    .modal-content {
        background-color: white;
        padding: 20px;
        border-radius: 10px;
        box-shadow: 0 4px 8px rgba(0, 0, 0,
0.1);
        transform: scale(0.5);
        transition: transform 0.3s;
    }

    .modal.show .modal-content {
        transform: scale(1);
    }

    .close-btn {
        background: none;
        border: none;
        font-size: 1.5em;
        cursor: pointer;
    }
</style>
</head>
<body>
    <button id="openModal">Abrir Modal</button>
```

```html
    <div class="modal" id="modal">
        <div class="modal-content">
            <button class="close-btn"
id="closeModal">&times;</button>
            <h2>Este es un modal</h2>
            <p>Contenido del modal</p>
        </div>
    </div>

    <script>
        const modal =
document.getElementById('modal');
        const openModalBtn =
document.getElementById('openModal');
        const closeModalBtn =
document.getElementById('closeModal');

        openModalBtn.addEventListener('click', ()
=> {
            modal.classList.add('show');
            modal.style.display = 'flex';
        });

        closeModalBtn.addEventListener('click', ()
=> {
            modal.classList.remove('show');
            setTimeout(() => {
                modal.style.display = 'none';
            }, 300);
        });
    </script>
</body>
</html>
```

Ejercicio 144: Galería de Imágenes con Lightbox

Crea una galería de imágenes que abra una imagen en un lightbox al hacer clic en ella.

Código HTML

```html
<!DOCTYPE html>
<html lang="es">
<head>
    <meta charset="UTF-8">
    <meta name="viewport"
content="width=device-width, initial-scale=1.0">
    <title>Galería de Imágenes con Lightbox</title>
    <style>
        body {
            font-family: Arial, sans-serif;
            display: flex;
            flex-wrap: wrap;
            justify-content: center;
            gap: 10px;
            margin: 0;
            padding: 20px;
            background-color: #f5f5f5;
        }

        .gallery-item {
            position: relative;
            width: 200px;
```

```css
    height: 150px;
    overflow: hidden;
    border-radius: 10px;
    cursor: pointer;
}

.gallery-item img {
    width: 100%;
    height: 100%;
    object-fit: cover;
    transition: transform 0.3s;
}

.gallery-item:hover img {
    transform: scale(1.1);
}

.lightbox {
    display: none;
    position: fixed;
    top: 0;
    left: 0;
    width: 100%;
    height: 100%;
    background-color: rgba(0, 0, 0, 0.8);
    justify-content: center;
    align-items: center;
    z-index: 1000;
}

.lightbox img {
    max-width: 90%;
    max-height: 90%;
    border-radius: 10px;
```

```html
            }
        </style>
    </head>
    <body>
        <div class="gallery-item">
            <img
src="https://via.placeholder.com/200x150"
alt="Imagen 1">
        </div>
        <div class="gallery-item">
            <img
src="https://via.placeholder.com/200x150"
alt="Imagen 2">
        </div>
        <div class="gallery-item">
            <img
src="https://via.placeholder.com/200x150"
alt="Imagen 3">
        </div>

        <div class="lightbox" id="lightbox">
            <img id="lightbox-img" src="" alt="Imagen
Lightbox">
        </div>

        <script>
            const galleryItems =
document.querySelectorAll('.gallery-item');
            const lightbox =
document.getElementById('lightbox');
            const lightboxImg =
document.getElementById('lightbox-img');

            galleryItems.forEach(item => {
```

```javascript
            item.addEventListener('click', () => {
                const imgSrc =
item.querySelector('img').src;
                lightboxImg.src = imgSrc;
                lightbox.style.display = 'flex';
            });
        });

        lightbox.addEventListener('click', () => {
            lightbox.style.display = 'none';
        });
    </script>
</body>
</html>
```

Ejercicio 145: Parallax Scrolling

Crea un efecto de parallax scrolling donde las imágenes de fondo se muevan a diferentes velocidades al desplazarse por la página.

Código HTML

```html
<!DOCTYPE html>
<html lang="es">
<head>
    <meta charset="UTF-8">
    <meta name="viewport"
content="width=device-width, initial-scale=1.0">
    <title>Parallax Scrolling</title>
    <style>
        body {
```

```
        margin: 0;
        font-family: Arial, sans-serif;
    }

    .parallax {
        height: 100vh;
        overflow: hidden;
        position: relative;
    }

    .parallax img {
        position: absolute;
        width: 100%;
        height: auto;
        top: 0;
        left: 0;
        z-index: -1;
    }

    .content {
        height: 100vh;
        display: flex;
        justify-content: center;
        align-items: center;
        color: white;
        text-shadow: 0 2px 4px rgba(0, 0, 0,
0.5);
        font-size: 2em;
    }

    #layer1 {
        z-index: -3;
        transform: translateZ(-2px) scale(3);
    }
```

```
        #layer2 {
            z-index: -2;
            transform: translateZ(-1.5px) scale(2);
        }

        #layer3 {
            z-index: -1;
            transform: translateZ(-1px) scale(1.5);
        }
    </style>
</head>
<body>
    <div class="parallax">
        <img id="layer1"
src="https://via.placeholder.com/1920x1080"
alt="Capa 1">
        <img id="layer2"
src="https://via.placeholder.com/1920x1080/ff7f7f"
alt="Capa 2">
        <img id="layer3"
src="https://via.placeholder.com/1920x1080/7fff7f"
alt="Capa 3">
    </div>
    <div class="content">
        <p>Contenido de ejemplo con efecto
parallax</p>
    </div>
</body>
</html>
```

Ejercicio 146: Crear un Carrusel de Imágenes

Crea un carrusel de imágenes que se desplace automáticamente y permita la navegación manual con botones.

Código HTML

```
<!DOCTYPE html>
<html lang="es">
<head>
    <meta charset="UTF-8">
    <meta name="viewport"
content="width=device-width, initial-scale=1.0">
    <title>Carrusel de Imágenes</title>
    <style>
        body {
            font-family: Arial, sans-serif;
            display: flex;
            justify-content: center;
            align-items: center;
            height: 100vh;
            margin: 0;
            background-color: #f5f5f5;
        }

        .carousel {
            position: relative;
            width: 80%;
            max-width: 600px;
```

```css
        overflow: hidden;
        border-radius: 10px;
        box-shadow: 0 4px 8px rgba(0, 0, 0,
0.1);
    }

    .carousel img {
        width: 100%;
        display: none;
    }

    .carousel img.active {
        display: block;
    }

    .carousel-buttons {
        position: absolute;
        top: 50%;
        width: 100%;
        display: flex;
        justify-content: space-between;
        transform: translateY(-50%);
    }

    .carousel-button {
        background-color: rgba(0, 0, 0, 0.5);
        color: white;
        border: none;
        padding: 10px;
        cursor: pointer;
        border-radius: 50%;
        transition: background-color 0.3s;
    }
```

```html
        .carousel-button:hover {
            background-color: rgba(0, 0, 0, 0.8);
        }
    </style>
</head>
<body>
    <div class="carousel">
        <img
src="https://via.placeholder.com/600x400"
alt="Imagen 1" class="active">
        <img
src="https://via.placeholder.com/600x400/ff7f7f"
alt="Imagen 2">
        <img
src="https://via.placeholder.com/600x400/7fff7f"
alt="Imagen 3">
        <div class="carousel-buttons">
            <button class="carousel-button"
id="prev">◀</button>
            <button class="carousel-button"
id="next">▶</button>
        </div>
    </div>

    <script>
        let currentIndex = 0;
        const images =
document.querySelectorAll('.carousel img');
        const prevButton =
document.getElementById('prev');
        const nextButton =
document.getElementById('next');

        function showImage(index) {
```

237

```
images[currentIndex].classList.remove('active');
            currentIndex = (index + images.length)
% images.length;

images[currentIndex].classList.add('active');
        }

        prevButton.addEventListener('click', () =>
showImage(currentIndex - 1));
        nextButton.addEventListener('click', () =>
showImage(currentIndex + 1));

        setInterval(() => showImage(currentIndex +
1), 3000);
    </script>
</body>
</html>
```

Ejercicio 147: Diseño de Tarjetas con Hover Efecto 3D

Crea tarjetas con un efecto 3D al pasar el ratón sobre ellas.

Código HTML

```
<!DOCTYPE html>
<html lang="es">
<head>
    <meta charset="UTF-8">
    <meta name="viewport"
content="width=device-width, initial-scale=1.0">
```

```
<title>Tarjetas con Efecto 3D</title>
<style>
    body {
        font-family: Arial, sans-serif;
        display: flex;
        justify-content: center;
        align-items: center;
        height: 100vh;
        margin: 0;
        background-color: #f5f5f5;
    }

    .card {
        width: 300px;
        height: 200px;
        background-color: white;
        border-radius: 15px;
        box-shadow: 0 10px 20px rgba(0, 0, 0,
0.1);
        transition: transform 0.3s, box-shadow
0.3s;
        display: flex;
        justify-content: center;
        align-items: center;
        font-size: 1.5em;
        color: #3498db;
    }

    .card:hover {
        transform: perspective(1000px)
rotateY(10deg) rotateX(10deg);
        box-shadow: 0 20px 40px rgba(0, 0, 0,
0.2);
    }
```

```
        </style>
</head>
<body>
    <div class="card">
        Hover 3D
    </div>
</body>
</html>
```

Ejercicio 148: Menú de Navegación Vertical con Submenús

Crea un menú de navegación vertical con submenús desplegables.

Código HTML

```
<!DOCTYPE html>
<html lang="es">
<head>
    <meta charset="UTF-8">
    <meta name="viewport"
content="width=device-width, initial-scale=1.0">
    <title>Menú de Navegación Vertical</title>
    <style>
        body {
            font-family: Arial, sans-serif;
            margin: 0;
            display: flex;
            justify-content: center;
```

```css
    align-items: center;
    height: 100vh;
    background-color: #f5f5f5;
}

.nav {
    background-color: #333;
    width: 200px;
    border-radius: 10px;
    overflow: hidden;
}

.nav ul {
    list-style-type: none;
    padding: 0;
    margin: 0;
}

.nav ul li {
    position: relative;
}

.nav ul li a {
    display: block;
    padding: 15px;
    color: white;
    text-decoration: none;
    transition: background-color 0.3s;
}

.nav ul li a:hover {
    background-color: #575757;
}
```

```css
.nav ul ul {
    display: none;
    position: absolute;
    left: 200px;
    top: 0;
    background-color: #333;
    border-radius: 10px;
}

.nav ul li:hover > ul {
    display: block;
}
</style>
</head>
<body>
    <div class="nav">
        <ul>
            <li><a href="#">Inicio</a></li>
            <li>
                <a href="#">Servicios</a>
                <ul>
                    <li><a href="#">Web
Design</a></li>
                    <li><a href="#">SEO</a></li>
                    <li><a
href="#">Marketing</a></li>
                </ul>
            </li>
            <li><a href="#">Acerca de</a></li>
            <li><a href="#">Contacto</a></li>
        </ul>
    </div>
</body>
</html>
```

Ejercicio 149: Crear una Tabla con Filtro de Búsqueda

Crea una tabla que permita filtrar las filas en tiempo real según el texto ingresado en un campo de búsqueda.

Código HTML

```
<!DOCTYPE html>
<html lang="es">
<head>
    <meta charset="UTF-8">
    <meta name="viewport"
content="width=device-width, initial-scale=1.0">
    <title>Tabla con Filtro de Búsqueda</title>
    <style>
        body {
            font-family: Arial, sans-serif;
            display: flex;
            flex-direction: column;
            align-items: center;
            margin: 0;
            padding: 20px;
            background-color: #f5f5f5;
        }

        table {
            border-collapse: collapse;
```

```css
                width: 80%;
                max-width: 800px;
                margin-top: 20px;
                box-shadow: 0 4px 8px rgba(0, 0, 0,
0.1);
        }

        th, td {
                padding: 10px;
                text-align: left;
                border-bottom: 1px solid #ddd;
        }

        th {
                background-color: #3498db;
                color: white;
        }

        input[type="text"] {
                padding: 10px;
                width: 80%;
                max-width: 800px;
                border: 1px solid #ddd;
                border-radius: 5px;
        }
    </style>
</head>
<body>
    <input type="text" id="searchInput"
placeholder="Buscar...">
    <table id="dataTable">
        <thead>
            <tr>
                <th>Nombre</th>
```

```html
            <th>Edad</th>
            <th>País</th>
        </tr>
    </thead>
    <tbody>
        <tr>
            <td>Juan</td>
            <td>28</td>
            <td>España</td>
        </tr>
        <tr>
            <td>Ana</td>
            <td>22</td>
            <td>Argentina</td>
        </tr>
        <tr>
            <td>Luis</td>
            <td>35</td>
            <td>México</td>
        </tr>
        <tr>
            <td>María</td>
            <td>30</td>
            <td>Colombia</td>
        </tr>
    </tbody>
</table>

<script>

document.getElementById('searchInput').addEventListener('keyup', function() {
        const filter =
this.value.toLowerCase();
```

```
            const rows =
document.querySelectorAll('#dataTable tbody tr');

            rows.forEach(row => {
                const cells =
row.querySelectorAll('td');
                const match =
Array.from(cells).some(cell =>
cell.textContent.toLowerCase().includes(filter));
                row.style.display = match ? '' :
'none';
            });
        });
    </script>
</body>
</html>
```

Ejercicio 150: Crear un Slider de Contenido

Crea un slider de contenido que permita desplazarse entre diferentes secciones de contenido utilizando flechas de navegación.

Código HTML

```
<!DOCTYPE html>
<html lang="es">
<head>
    <meta charset="UTF-8">
    <meta name="viewport"
content="width=device-width, initial-scale=1.0">
    <title>Slider de Contenido</title>
```

```
<style>
    body {
        font-family: Arial, sans-serif;
        display: flex;
        justify-content: center;
        align-items: center;
        height: 100vh;
        margin: 0;
        background-color: #f5f5f5;
    }

    .slider {
        position: relative;
        width: 80%;
        max-width: 600px;
        overflow: hidden;
        border-radius: 10px;
        box-shadow: 0 4px 8px rgba(0, 0, 0,
0.1);
    }

    .slides {
        display: flex;
        transition: transform 0.5s ease-in-out;
    }

    .slide {
        min-width: 100%;
        box-sizing: border-box;
        padding: 20px;
        background-color: white;
        text-align: center;
    }
```

```css
        .slider-buttons {
            position: absolute;
            top: 50%;
            width: 100%;
            display: flex;
            justify-content: space-between;
            transform: translateY(-50%);
        }

        .slider-button {
            background-color: rgba(0, 0, 0, 0.5);
            color: white;
            border: none;
            padding: 10px;
            cursor: pointer;
            border-radius: 50%;
            transition: background-color 0.3s;
        }

        .slider-button:hover {
            background-color: rgba(0, 0, 0, 0.8);
        }
    </style>
</head>
<body>
    <div class="slider">
        <div class="slides">
            <div class="slide">Contenido 1</div>
            <div class="slide">Contenido 2</div>
            <div class="slide">Contenido 3</div>
        </div>
        <div class="slider-buttons">
            <button class="slider-button"
id="prev">◀</button>
```

```
            <button class="slider-button"
id="next">▶</button>
        </div>
    </div>

    <script>
        let currentIndex = 0;
        const slides =
document.querySelector('.slides');
        const slide =
document.querySelectorAll('.slide');
        const totalSlides = slide.length;


document.getElementById('prev').addEventListener('c
lick', () => {
            currentIndex = (currentIndex > 0) ?
currentIndex - 1 : totalSlides - 1;
            slides.style.transform =
`translateX(-${currentIndex * 100}%)`;
        });


document.getElementById('next').addEventListener('c
lick', () => {
            currentIndex = (currentIndex <
totalSlides - 1) ? currentIndex + 1 : 0;
            slides.style.transform =
`translateX(-${currentIndex * 100}%)`;
        });
    </script>
</body>
</html>
```

Ejercicio 151: Menú de Navegación Sticky con Sombra

Crea un menú de navegación que permanezca fijo en la parte superior de la página y añada una sombra cuando el usuario se desplace hacia abajo.

Código HTML

```html
<!DOCTYPE html>
<html lang="es">
<head>
    <meta charset="UTF-8">
    <meta name="viewport"
content="width=device-width, initial-scale=1.0">
    <title>Menú de Navegación Sticky</title>
    <style>
        body {
            font-family: Arial, sans-serif;
            margin: 0;
            padding: 0;
        }

        .navbar {
            position: sticky;
            top: 0;
            background-color: #333;
            color: white;
            padding: 15px;
            text-align: center;
            transition: box-shadow 0.3s;
```

```
        }

        .navbar.scrolled {
            box-shadow: 0 4px 8px rgba(0, 0, 0,
0.2);
        }

        .content {
            height: 2000px;
            padding: 20px;
            background-color: #f5f5f5;
        }
    </style>
</head>
<body>
    <div class="navbar" id="navbar">
        Menú de Navegación Sticky
    </div>
    <div class="content">
        <p>Desplázate hacia abajo para ver el
efecto...</p>
    </div>

    <script>
        window.addEventListener('scroll', () => {
            const navbar =
document.getElementById('navbar');
            if (window.scrollY > 50) {
                navbar.classList.add('scrolled');
            } else {

navbar.classList.remove('scrolled');
            }
        });
```

```
    </script>
</body>
</html>
```

www.ingramcontent.com/pod-product-compliance
Lightning Source LLC
LaVergne TN
LVHW051444050326
832903LV00030BD/3225